DISCOURS

SUR L'HISTOIRE

D'AVIGNON.

En vertu de la Loi du 19 Juillet 1793 , deux exemplaires de cet Ouvrage sont déposés à la bibliothèque nationale.

Tous les exemplaires sont signés par l'Auteur.

DISCOURS

SUR L'HISTOIRE

D'AVIGNON,

Suivi d'un apperçu sur l'état ancien et moderne de cette Ville, et sur les monumens et les objets qui peuvent fixer l'attention des voyageurs.

Par J. GUERIN,

Ancien professeur d'Histoire naturelle ; Professeur de Nosologie à l'Hôtel-Dieu d'Avignon, Secrétaire de la Société de Médecine de la même Ville ; de l'Athénée de Vaucluse, des Académies de Gottingue, de Turin, de Marseille, de Nîmes, de Bordeaux ; des Sociétés de Médecine de Paris, Lyon, Marseille, Grenoble ; de l'Institut de santé du Gard, etc., etc.

~~~~~~~~~~

A AVIGNON,

Chez la veuve GUICHARD, Imp.-Lib.
rue Puits de la Reille.

1807.

A MONSIEUR CALVET,

Doyen des Médecins d'Avignon, ancien premier Professeur de l'Université de la même ville, de l'ancienne Académie des Inscriptions, etc., etc.

MONSIEUR,

En vous dédiant un Opuscule dont tout le mérite est celui de paraître sous vos auspices, je ne veux que rendre un hommage public au Médecin savant, à l'Antiquaire célèbre, au Naturaliste distingué et au Citoyen qui a illustré sa Patrie.

Je suis avec le plus profond respect,

MONSIEUR,

Votre très-humble et très-obéissant serviteur.
J. GUERIN.

AVERTISSEMENT.

CE petit livre écrit pour les étrangers, ne rappelera à mes Concitoyens que ce qu'ils savent déjà. Mais j'aurai atteint mon but si je puis être de quelque utilité aux voyageurs, en leur donnant une idée exacte et précise de cette Ville, de son antiquité, de son histoire, et en leur indiquant les principaux objets qui peuvent fixer leur attention.

DISCOURS

SUR L'HISTOIRE

D'AVIGNON.

CHAPITRE PREMIER.

Tableau historique de la ville d'Avignon (*).

S'IL est curieux de connaître l'Histoire d'une Ville dont l'origine se perd dans la nuit des âges, il en est peu qui offrent, Avant J. C.

(*) Mon confrère académique M. de Fortia-d'Urban, a publié l'année dernière, sa savante introduction à l'histoire de notre ville. Nous attendons avec impatience la suite d'un Ouvrage qui a été interrompu par des recherches de l'Auteur sur les Celtes, et par ses considérations sur l'origine et l'histoire ancienne du globe. Ce dernier Livre, comme tous ceux de l'Auteur dont je parle, suppose une érudition très-étendue.

sous ce rapport , autant d'intérêt que la nôtre , et qui aient éprouvé un aussi grand nombre de révolutions politiques.

Dans les siècles au-delà desquels nous ignorons ce qui se passait dans nos contrées , Avignon appartenait aux Celtes ou Gaulois. Les Géographes Grecs , qui ont parlé de cette Ville , l'ont connue sous le nom d'*Aoueniôn* (1). Les Latins la nommaient *Avennio* , *Avenniorum Colonia* (2) *Avinio* (3) , et les modernes , *Ave-*

---

(1) Aveniôn ; *Strabon* , *Ptolémée* , *Etienne de Bysance.*

(2) Avennio ; *Pline* , *Pomponius.*

(3) Avinio ; *Cassiodore.* Avenio ; les latinistes modernes.

Il est digne de remarque qu'on lit Avennio et non *Avenio* dans presque toutes les premières éditions des Géographes anciens.

J'eusse rapporté le texte dans les différentes citations , de Strabon , Ptolémée , Etienne , si le défaut de caractè-

nio ou *Avignon*. L'on peut con-
jecturer que le mot *Aoueniôn*,
qui n'est ni grec, ni latin, a une
origine Gauloise. Quelques savans
prétendent qu'il est formé *d'A-
ouen* ou *Aven* qui signifiait selon
eux, chez ce peuple, fleuve ou
rivière, et *d'Ion*, Seigneur, Do-
minateur. Quoique cette étymo-
logie ait quelque apparence de
vérité, connaissons - nous assez
la langue des Gaulois pour l'a-
dopter avec confiance ? Quant
aux étymologies dérivées des mots
latins *ab ave io*, *ab avibus*, *a
vento*, *ab Avenico*, *a vineis*,
elles sont toutes au-dessous de la
critique.

On croit d'après quelques médailles, sur lesquelles on lit ces
lettres grecques A O Y E, et d'a-
près Etienne de Bysance, qu'A-

res grecs ne m'en eût empêché. Mais j'ai
traduit le plus exactement qu'il m'a été
possible.

═══vignon a appartenu aux Grecs ; **Avant** qui vinrent s'établir à Marseille **J. C.** six siècles avant Jésus - Christ ; **609.** mais si nous connaissons l'Olympiade dans laquelle les Phocéens se fixèrent à Marseille , nous n'avons rien de positif sur l'époque où ils habitèrent Avignon , si toutefois ils ont été les maîtres de s'y établir. N'est-il pas étonnant que Strabon , en parlant de la république de Marseille , au sujet de laquelle il entre dans les moindres détails , ne dise pas un mot de notre Ville , sur-tout, si comme le croient plusieurs savans , Avignon était ville Marseillaise , ainsi qu'on le voit dans le mauvais abrégé d'Etienne de Bysance qui nous a été laissé par Hermolaüs écrivain du sixième siècle ? Il est vraisemblable d'après le silence de Strabon , le plus exact des premiers Géographes , qu'Avignon a pu être mis au nombre des villes Marseillaises , parce que quelques familles de Marseille s'y étaient peut-être établies pour étendre le commerce de leur métropole (1).

Dans les temps les plus reculés de notre histoire, Avignon appartenait à ces Gaulois, qui, sous le règne de Tarquin l'ancien, traversèrent les Alpes, se rendirent maîtres des pays situés entre le

---

(1) Si Avignon a été ville Marseillaise, je pense qu'elle n'a pu l'être que depuis la conquête des Gaules par les Romains, qui peut-être la cédèrent quelque temps à leurs anciens et fidèles alliés. En effet, comment présumer que Marseille, souvent en guerre avec ses voisins, et obligée d'appeler les Romains à son secours pour défendre son propre territoire, eût des possessions au-dessus de la Durance ?

Le passage suivant de Strabon me semble un fort argument contre ceux qui pensent qu'Avignon était une ville Marseillaise : « dans des temps plus rapprochés de nous les Marseillais, s'appuyant sur leur valeur, se rendirent maîtres de quelques champs situés autour d'eux. »

Pô et ces hautes montagnes , sac-

cagèrent Rome l'an 366 après sa fondation , et ne quittèrent l'Italie qu'après en avoir été le fléau pendant plusieurs siècles.

Ce peuple avait été forcé par les Romains de repasser les Alpes , lorsque ces derniers furent appelés par les habitans de Marseille , qui demandaient leur assistance contre leurs voisins (1). Flaccus qui avait été secourir les Marseillais , soumet les Lyguriens transalpins ; bientôt après , Sextius défait complétement les Saliens ou Salviens , les chasse des côtes maritimes , fonde la ville

_____

(1) L'Auteur de *L'Epitome* de Tite-Live , nomme ce peuple , Gaulois Falaniens ; il dit à ce sujet dans le IX livre : *Fulvius Flaccus primus omnium Transalpinos Ligures bello domuit , missus in auxilium Massiliensibus adversus Falanios Gallos , qui populabantur fines Massiliensium.* Edit. Basil. in officina Froben. An. 1535.

d'Aix et y laisse une garnison.

Une grande bataille fut don- née par D. Ænobarbus trois ans après, presque sous les yeux des Avignonais ; au confluent de la rivière de *Vindelium* avec le Rhône (1). L'année suivante, les Allobroges et les Averniens perdirent plus de 100000 hommes dans un seul combat que leur li-

(1) Le *Vindelicus amnis* que Florus prend à témoin de la victoire d'Ænobarbus, en disant : *Varus victoriæ nostræ testis, Isara, et Vindelicus amnis, et impiger fluminum Rhodanus : de bello Allobrog.* ne peut être que la Sorgue ou l'Ouese ; il est même possible que ces deux rivières portassent, ainsi que de nos jours, un nom commun lorsqu'elles étaient réunies dans un même lit, comme entre le village de Bedarrides et le Rhône. Strabon nomme *Oundalôn*, la ville située près la jonction de ces rivières avec le Rhône, et dit formellement que la Sorgue *Soulgas* se jette dans ce fleuve près de la ville d'*Oundalôn*.

══════ ̄vra Fabius-Maximus (1). Quelque

Avant temps après, une grande partie du
J. C. peuple de la Gaule méridionale
passa sous la domination du vain-
queur.

Il est probable qu'à la suite
de ces victoires, Avignon appar-

───────────────────────────

(1) Florus ajoute encore : *D. Ænobarbus , et Fabius Maximus , ipsis quibus
dimicaverant locis , saxeas erexêre tur-
res et desuper exornata armis hostilibus
trophæa fixêre : cum his mos inusitatus
fuerit nostris. Nunquam enim populus
Romanus hostibus domitis victoriam
suam exprobravit.* Florus de Bello Allobrog. Venetiis in ædibus Aldi. 1510.
Strabon avait dit un siècle avant Florus au sujet de cette victoire : « La
» troisième rivière est la Sorgue qui
» se jette dans le Rhône près la ville
» de Oundalôn, où Cneius Ænobarbus
» défit dans une grande bataille plu-
» sieurs myriades de Celtes. » (Chaque
myriade est composée de 10000). Le
même Géographe répète quelques pages
plus bas : « Les Averniens *Arouernoi* se
» battirent contre Domitius vers la
» jonction de la Sorgue avec le Rhône ».

tînt

tînt à la République Romaine. Cette Ville était très - florissante dans les premiers siècles de l'empire. Pomponius Méla la met au nombre des Cités les plus opulentes de la Gaule Narbonnaise (1), nom que les Romains donnaient au Languedoc et à la Provence. Pline en fait mention parmi les Villes Latines, et Ptolémée lui donne le titre de Colonie Romaine (2). Il paraît même d'après

---

(1) *Urbium quas habet (Gallia Narbonensis) opulentissimæ sunt Vasio Vocontiorum , Vienna Allobrogum , Avenio Cavarum , Arecomicorum Nemausus , Tolosa Tectosagum , Secundaneorum Arausio , Sextaneorum Arelate , Septumanorumque Blitera. Pomp. Mela de situ orbis. Cap. V. Lugd. Batavorum* 1684.

(2) Les Géographes anciens nous apprennent qu'Avignon appartenait aux Cavares , peuples Celtes ou Gaulois , qui habitaient le long de la rive gauche du Rhône... Au-dessous des *Ségalouniens* , dit Ptolémée , est le pays des

An de J. C. ══════une inscription antique qu'Hadrien permit aux Avignonais d'associer son nom à celui d'une Ville dans laquelle Jules-César avait envoyé des Colonies (1).

Avignon soumis aux Romains, et partageant le sort des autres provinces de ce vaste empire, dut prendre part aux troubles continuels qu'excitaient le despotisme, l'ambition ou l'avidité des gouverneurs. Déjà les beaux siècles de Rome n'existaient plus. La sagesse, la modération et la surveillance de quelques Empereurs ne firent naître qu'un petit nombre de beaux jours. Les Pré-

_____

Cavares, dont les villes méditéranées sont : *Akousiôn* Colonie, *Aveniôn* Colonie, *Arausiôn*, *Kabelliôn* Colonie ; plus bas sont les *Salikes* ou Saliens.

(1) Il paraît d'après une inscription qui, je crois, a été découverte par M. Calvet, sur laquelle on lit COL. JUL. HDRIAN AVEN. que J. César et Hadrien avaient envoyé des Colonies à Avignon.

fets et les généraux n'étaient le plus souvent que des chefs vendus à différens partis. Ces temps orageux furent suivis par un siècle plus affreux encore. Des flots de barbares ébranlent l'empire sous Valens, l'innondent sous Honorius et Arcadius, et mettent à feu et à sang presque tout le pays situé entre le Rhin, l'Océan, les Alpes, et les Pyrennées (1).

De toutes les Gaules il ne restait aux Romains que la Provence, défendue par le brave Aëtius ; mais ce général ne put résister aux ennemis qui l'attaquèrent de toute part. Tandis qu'il arrête la marche rapide des Gots, les Bourguignons s'avancent d'un autre côté jusqu'à Marseille et donnent le nom de Bourgogne aux pays

An de J. C.

428.

---

(1) Il est probable qu'*Aëria*, *Vindalum*, *Cupressetum* et d'autres villes de nos contrées, citées par les anciens, furent détruites à cette époque.

B 2

dont ils se sont emparés. Aëtius, An de forcé de faire la paix, cède toutes J. C. les terres conquises sur l'empire, à l'exception de celles qui se trouvent entre la mer et la Durance.

450. Après ce traité, Avignon et le Comtat firent partie de la Bourgogne dont les troubles furent continuels. Le Roi Gundicaire perdit la vie dans une bataille. Clovis entra dans son pays à la tête d'une puissante armée. Gundebaud, successeur de Gundicaire, obligé de prendre la fuite, se jette dans Avignon, et s'y fortifie. Clovis assiège cette Place (1). Le

---

(1) Grégoire de Tours parle du siège d'Avignon par Clovis; il regarde cette ville comme une place extrêmement fortifiée. Voici quelques détails qu'il nous a laissé à ce sujet.

Gondebaud se défendit quelque temps dans Avignon avec vigueur; mais prévoyant que les vivres lui manqueraient bientôt, il convint avec Arédius, chef de son conseil, que ce dernier ferait

Roi de Bourgogne s'y défend avec

semblant de se réfugier au camp ennemi comme un homme mécontent de la
cour et du prince ; qu'il tâcherait de ga-
gner la confiance de Clovis et de le dis-
poser à entrer en négociation , et à ter-
miner par un accommodement.

Clovis reçut très-bien Arédius et le re-
tint près de lui pour s'informer de l'état
de la ville et des assiégés. Il lui laissa
entrevoir que la longueur du siége
commençait à l'ennuyer. Le roi lui ayant
permis de dire tout ce qu'il en pensait ,
Arédius lui parla en ces termes :

« Vous êtes trop éclairé, Seigneur,
» pour avoir besoin des avis d'autrui ,
» et vous n'avez pas encore eu le temps
» d'éprouver ma fidélité et le zèle que
» j'ai pour votre gloire , pour devoir
» vous en rapporter à mes conseils ; il
» n'y a que l'ordre que vous m'en don-
» nez qui puisse me faire prendre la li-
» berté de vous dire ce que je pense à
» ce sujet. Le ravage que votre armée
» fait autour d'Avignon cause un
» grand dommage à votre ennemi. Vos
» troupes désolent la campagne , vous
» avez fait couper tous les oliviers, ar-
» racher toutes les vignes , tout le pays
» est ruiné ; mais le siége n'avance pas

══════vigueur, et oblige son ennemi d'en
An de lever le siège. Peu de temps après
J. C.──────────────────────────

» beaucoup. La ville est forte, les as-
» siégés se défendent, et paraissent ré-
» solus de soutenir les dernières extré-
» mités. L'armée cependant se fatigue,
» et les maladies sont à craindre : les
» choses sont encore en tel état que
» vous pouvez vous faire honneur de
» votre clémence, en ne jetant pas un
» roi malheureux dans le désespoir. Il
» y a un parti à prendre qui serait très-
» glorieux pour vous, c'est de lui of-
» frir la paix, le pardon du passé, à
» condition d'un tribut à perpétuité.
» S'il l'accepte, c'est une nouvelle vic-
» toire que vous remportez sur lui, et
» qui vous le soumet pour la suite, à
» peu de chose près, comme un sujet fi-
» dèle à son roi. S'il le refuse, vous se-
» rez en droit plus que jamais de le
» pousser à bout ». *Traduct. du P.
Daniel, Hist. de France, tom. I.*

Cet avis, conforme à l'impatience du
roi et des français, fut écouté, et ayant
été discuté dans le conseil, il fut suivi.
Les assiégés donnèrent des otages ; un
des officiers de Clovis fut reçu dans la
ville, et Gondebaud se soumit à un tribut perpétuel.

Clovis joint à Théodoric roi des Ostrogots, tombe encore sur la Bourgogne : Ces Princes en font la conquête. Avignon échut en partage à Théodoric, qui donna le gouvernement de cette Ville à Wandalius, auquel il recommanda de traiter les Avignonais avec la plus grande douceur (1). Peu de temps après, la partie du royau-

---

(1) Une lettre de Théodoric à Wandalius, que nous a conservé Cassiodore, nous apprend encore qu'Avignon était de son temps une place d'armes considérable, et qu'on donnait le nom de Romains à ses habitans. *Principis siquidem opinionem longè latèque disseminat subjectorum custodita securitas, et ubi exercitus dirigitur, non gravandi sed defendendi causâ potius existimetur, atque ideo præsente auctoritate delegamus ut in Avinione, quam regis, nullam fieri violentiam patiaris. Vivat noster exercitus civiliter cum Romanis, prosit eis destinata defensio. Nec aliquid illos à nostris sinatis pati, quos ab hostili nitimur oppressione liberari.* Lib. III. Epistol. 39.

══me de Bourgogne dont Théodo-
An de ric était le maître fut rendue au
J. C. roi de ce pays.

Les successeurs de Clovis s'emparent encore de ce malheureux
royaume, sont forcés de l'aban-
522. donner, et en font une troisième fois la conquête; mais bientôt Godemart se rend maître de
presque tous les pays conquis
par les Français dans cette dernière guerre. Plusieurs villes
de Bourgogne entre autres,
Apt, Carpentras, Orange,
Trois-châteaux et Gap se mettent sous la protection de Théodoric.

534. L'infortuné Godemart tombe
entre les mains des princes français qui le dépouillent de son
royaume environ un siècle après
sa fondation. Depuis cette époque jusqu'au couronnement du
premier roi d'Arles, Avignon et
le Comtat appartinrent aux princes français,

A

A peine Avignon commence 578.
à jouir d'un instant de calme,
que les Lombards s'emparent
de plusieurs villes d'Italie, et
tombent sur la Bourgogne : le
Patrice Mummol les défait entièrement. Pendant que le nouveau
roi de Bourgogne, Gontrand,
était en guerre avec eux, son
frère Sigibert, roi d'Austrasie
s'empare d'Arles. Mais Celse, général de Gontrand se rend maître
d'Avignon et reprend ensuite 580.
Arles. Les deux princes firent
bientôt la paix, et ces villes re-
tournèrent à leurs premiers possesseurs.

Le jeune roi d'Austrasie Chil- 581.
débert, ayant mis dans ses intérêts Mummol, général du roi
de Bourgogne, le nomma Gou-
verneur d'Avignon (1). Le duc

---

(1) Si Avignon n'eût pas été une place de la plus grande importance, en au-
rait-on confié le commandement à

C

de Boson attaqua vainement cette
An de place. Childebert le força d'en le-
J. C. ver le siège (1).

Jusqu'au huitième siècle les
Gaules avaient été ravagées par
les peuples du nord. Ceux du
midi vont les égaler, si non par
le nombre, du moins en cruau-
té. Abdérame, général Sarrasin
franchit les Pyrénées, met à feu
et à sang les pays qu'il traverse

Mummol l'un des plus habiles capitaines de son siècle ?

(1) Il y avait dans cette ville vers la
même époque un sénat rempli de Rhé-
teurs, et des tribunaux occupés par
des Philosophes. Un passage de Grégoire de Tours nous en donne la preu-
ve. Cet historien nous apprend qu'un
ecclésiastique refusait l'Evêché d'Avignon, *ne permitteret*, dit-il, *simplicita-
tem illius inter senatores sophisticos et
judices philosophos fatigari. Lib. VI. cap.
IX.* Craignant que sa simplicité ne
fût exposée dans un pays plein de séna-
teurs sophistes et de juges philosophes.

et s'empare de plusieurs villes
de la Provence, et du Languedoc. C'en était fait de la France,
si elle n'eût trouvé un défenseur
dans Charles Martel ; celui-ci
attaque Abdérame qui avait réuni
toutes ses forces près de Poitiers,
détruit sa nombreuse armée, et
Abdérame lui-même reste sur le
champ de bataille. Quelque
temps après, le Duc de Mauronte,
d'intelligence avec les ennemis,
livre Avignon au Sarrasin Athi-
me. Charles vient lui-même as-
siéger cette place importante,
s'en empare malgré la plus vi-
goureuse résistance et fait passer
toute la garnison au fil de l'é-
pée (1).

Après cette sanglante catas-
trophe, il ne se passa aucun événement remarquable dans Avi-

------

(1) Vid. *annales Metenses* ad ann.
736 ; Fredegard ch. 109. Paul longob.
ch. 54.

══════gnon, qui, à l'époque de la dé-
cadence du vaste empire de
Charlemagne fit partie du royaume d'Arles ou de Provence, dont
Boson fut élu souverain par le
concile de Mantès.

Sous les derniers princes d'Arles, les Gouverneurs de ce royaume se rendirent les maîtres des
provinces où ils commandaient.
Les comtes de Toulouse et de
Provence après s'être disputé le
1125. Comtat, terminèrent leurs dissensions, et en firent le partage.

Plusieurs villes secouèrent le
joug des Comtes. Avignon auto-
risé par Guillaume III se déclara
libre. Cette liberté eût été plus
légalement établie, si les Comtes
de Provence n'eussent été maîtres de la moitié de la ville ;
quoi qu'il en soit, la république
naissante adopte le Gouvernement consulaire. L'évêque et les
Consuls, (ces derniers étaient
élus par le peuple) en sont les

magistrats souverains ; les Avignonais datent leurs actes de
l'an de leur liberté.

Sous ce nouveau Gouverne-
ment, Avignon se relève de ses
pertes et devient si florissant qu'il
renferme bientôt plusieurs palais
dans ses murs. On jette un pont
sur le Rhône d'un quart de lieue
de longueur. La dépense occa-
sionnée par la construction de
ce monument utile, n'empêche
pas l'Evêque et les Consuls de
déclarer, vingt ans après, les Avignonais exempts de tout impôt.
Ainsi que dans les états démocra-
tiques, on vit souvent le peuple
opposé à la noblesse ; les divi-
sions éclatèrent sur-tout à l'époque où l'on voulut élire un Podestat. Elles eussent été sanglan-
tes sans la sage modération de
l'Evêque. Ces dissensions n'empêchent pas la ville de se peupler,
et bientôt on est obligé d'agran-
dir son enceinte.

1177.

An de verne
J. C.

Pendant qu'Avignon se gou-
vernе en république , Raimond,
Comte de Toulouse embrasse le
parti des Albigeois. Les Avignonais suivent un exemple d'autant
plus séduisant , qu'ils étaient jaloux de la puissance de leurs
Evêques dont ils n'osaient cependant les dépouiller, attendu que
c'était à eux que Guillaume III
avait cédé une partie de ses droits
sur Avignon. Ils lèvent des troupes pour soutenir la secte dont
Raimond était le défenseur.
Dans ces circonstances , le Pape
Honoré III excommunie les Avignonais dévoués au Comte de
Toulouse. Cette excommunication
devait causer la ruine d'une ville
qui rivalisait avec les plus flo-
rissantes du midi. On prêche une
croisade contre les Albigeois. Une
armée de 5o,ooo hommes , à la
tête de laquelle étaient le roi de
France Louis VIII, et le cardinal
St.-Ange , descend le long du

Rhône. Quelques pays se soumet-
tent : les Avignonais craignant
d'être maltraités par les croisés,
ferment leurs portes et décla-
rent qu'ils ne permettront qu'au
Roi , au Légat et à leur suite
d'entrer dans la ville. Piqués do
cette déclaration , le Roi et le Cardinal en ordonnent le siège. La
place résiste avec vigueur à un
ennemi qui l'attaque avec furie.
Les assiégés tuent 2,000 hommes dans une sortie et il périt
un grand nombre de croisés sous
les ruines d'une partie du pont.
22,000 Français étaient restés
devant cette place , après trois
mois de siège , lorsque les Avignonais furent forcés d'écouter
des propositions de paix. Ils ou-
vrent leurs portes. Le Légat les
absout ; mais il fait abattre
une partie des murs et combler
les fossés. L'armée reprend ensuite le chemin de Toulouse.
Peu de tems après , un second

An de
J. C.

An de
J. C.

arrêté du Légat ruine tout-à-fait notre malheureuse ville.

A la suite des victoires et des pertes réciproques , les croisés bloquent Raimond dans Toulouse et le forcent de signer la paix. Il se voit obligé de céder au Roi de France les terres qu'il possédait en Languedoc , et au Pape celles qu'il avait au-delà du Rhône. Ces dernières comprenaient le Comtat-Venaissin.

Malgré la prise d'Avignon par les Français , cette ville dont le gouvernement n'avait point été changé , élisait toujours ses Consuls ou ses Podestats. Le Comte de Toulouse employa toutes sortes de moyens et mit en jeu tous les ressorts de la politique pour se faire rendre la partie de ses états dont jouissait la cour de Rome. Innocent IV lui remit enfin tous les pays que l'Eglise

1243. possédait depuis 1228.

A la mort de Raimond VII, Comte de Toulouse, d'après les articles du traité de 1228, Alphonse de Poitiers et Charles d'Anjou, Còmtes de Provence, héritent d'Avignon. Cette ville dont ils possédaient la moitié chacun (1), fait de vains efforts pour soutenir son indépendance; elle ne peut résister à deux Princes réunis. C'est inutilement qu'elle fait valoir les droits que lui ont cédés les Comtes ses anciens possesseurs. Elle est forcée de se procurer par sa soumission quelques avantages qu'elle n'eût point obtenus, si l'on avait employé la force pour la réduire. Ses députés vont trouver à Beaucaire Alphonse et Charles ; on dresse des articles qui sont con- firmés à Avignon peu de jours après.

(2) En vertu du partage fait en 1125.

Alphonse et Charles qui possédaient chacun la moitié de la ville, nomment un Viguier pour la gouverner en commun. Après la mort d'Alphonse, Philipe-le-Hardi son héritier devint maître du Comtat qu'il rendit au St. Siège, et de la moitié d'Avignon que Philipe-le-Bel son successeur céda à Charles II, Roi de Naples et Comte de Provence qui en possédait l'autre moitié. Alors les Comtes de Provence furent les seuls maîtres de cette ville jusqu'à la vente qui en fut faite à Clément VI par la Reine de Naples.

1303.
Avignon commençait à se relever de ses pertes. Une école de droit établie depuis plus de cinquante ans y attirait une foule d'étrangers. Cette école, érigée en Université par une bulle de Boniface, a subsisté jusqu'à la fin du dix-huitième siècle.

1309.
L'arrivée du Pape Clément

V à Avignon, donne un nouveau
lustre à cette ville. Les Pontifes An de
ses successeurs l'embellirent. Les J. C.
Cardinaux y firent bâtir plusieurs
hôtels. Le palais, les remparts d'A-
vignon et un grand nombre d'E-
glises, le château de Sorgues,
celui de Groseau près de Malaucène, furent construits sous Clément V, Jean XXII, Benoît
XII, Clément VI, Innocent VI,
Urbain V, Grégoire XI qui sié-
gèrent dans notre ville depuis
1309 (1) jusqu'en 1376, (2) et
jusqu'en 1403, si nous mettions
Clément VII et Benoît XIII au
nombre des souverains pontifes.

Dans le 14e. siècle, la Cour
d'Avignon était une des premières de l'Europe (3). A la vérité,

_____

(1) Vide Baluz. T. 1. pag. 14 et 32.
(2) Vide Baluz. Vit. papar. Aven. T.
1. pag. 536.
(3) On comptait plus de 80,000 ames

An de J. C. sa politique faisait toute sa puis-sance ; mais alors cette politique était au-dessus de la force des armes. Plusieurs rois vinrent se faire couronner dans cette Capi-tale , d'autres y chercher des par-tisans, ou y briguer des faveurs. Benoit XII y reçut une ambassade du Kam des Tartares.

à Avignon avant la peste de 1348. Ce nombre se trouva réduit à celui de 50,000 après la cessation de ce fléau. Il périt 1400 personnes en trois jours ; 17,000 en quatre mois ; la population réduite à moins des deux tiers par la contagion , diminua encore au départ des Papes. Les pestes de 1580, 1630 et 1720 , la réduisirent au nombre de 18,000 ames. Depuis cette dernière époque , Avignon s'est encore peuplé. Le dénombrement fait avant 1789 , donne 26,000 ames. Ce nombre qui a diminué de près d'un tiers, pendant les derniers orages politiques , augmente chaque jour , et nous devons espérer que notre ville sera bientôt aussi peu-plée qu'avant la révolution.

Après le départ de Grégoire
XI , Clément VII et Urbain VI
parvinrent tous deux à la pa-
pauté. Le premier résida à Avignon , et le second à Rome.
Pierre de Luna , successeur de
Clément, prit le nom de Benoît 1394.
XIII. Le parti du Pontife romain
l'emporta , et plusieurs princes ne 1397.
voulurent plus reconnaître le
Pape d'Avignon. Celui - ci se
voyant sur le point d'être entièrement abandonné , fit venir des
troupes d'Espagne sous les ordres de son frère Rodrigue l'un
des plus habiles capitaines de son
siècle. D'un autre côté , le Maréchal de Boucicaut fut envoyé
contre lui. Les Avignonais , lassés
des insultes que leur faisaient les
soldats de Rodrigues , ouvrirent 1398.
leurs portes au Maréchal. Alors
Benoît , obligé de se retrancher
dans une forteresse du rocher ,
se défendit contre Boucicaut. Le
Cardinal de Villeneuve , évêque

d'Ostie fut envoyé avec des troupes qui avaient été levées au nom du sacré collège , et réunit sa petite armée à celle de Boucicaut , après avoir pris le gouvernement de la ville. Alors les citoyens s'étant déclarés plus ouvertement contre Benoît , celui-ci fit jouer une batterie qui abîma les quartiers les plus élevés d'Avignon.

Boucicaut fit de vaines tentatives pour pénétrer dans les forts, et s'en rendre maître. Le Cardinal d'Ostie ne fut pas plus heureux. Il battait le Palais avec quelques canons dont on savait à peine se servir, et qui ne causèrent pas le moindre dommage.

Dans ces circonstances, le roi d'Aragon envoie au secours de Benoît des vaisseaux chargés de troupes. Le mauvais tems détruisit les uns et dispersa les autres. « Quoi donc, vous souffrez, « écrivait-il aux Avignonais ,

« qu'on assiège mon parent dans
« votre ville ! bien plus vous l'assié-
« gez vous-mêmes, et vous don-
« nez la mort à mes sujets qui le
« défendent ! changez de con-
« duite, joignez-vous à mes trou-
« pes et contribuez à la liberté
« du Pontife votre Souverain,
« qu'on tient indignement blo-
« qué dans son Palais. »

An de J. C.

Enfin, les protecteurs de Benoît obtinrent un ordre de Charles
VI, par lequel il était ordonné à
Boucicaut de suspendre les hos-
tilités et de laisser entrer dans le
Palais toutes les provisions néces-
saires. Bientôt après on convint
que le Pape ferait sortir la garnison et qu'il ne garderait que cent
hommes auprès de lui.

1399.

La négligence de ses surveil-
lans fit naître à Benoît l'idée de
recouvrer une entière liberté. Il
rappelle ses troupes, les fait entrer dans le Palais avec des vivres
et des machines de guerre, et se

croyant en état de se défendre,
il déclare que les conventions
qu'il avait signées étaient nulles
et qu'il n'avait rien fait que par
force.

Boucicaut, tranquille sur la foi
du traité, ne s'attendait pas à cet
orage. Prêt à recommencer le
siège, il fut obligé d'aller com-
battre un autre ennemi. Un cor-
don de troupes interceptait toutes les avenues du Fort, et le
blocus allait obliger Benoît de
capituler de nouveau, lorsque le
Duc d'Orléans son protecteur
trouva le moyen de le délivrer.
Peu de tems après les affaires
changent de face, et il parcourt
en Souverain les villes qui s'é-
taient soustraites à sa domination.

De nouveaux orages sont prêts
d'éclater sur la tête de Benoît
qui donne ordre à Rodrigue de
Luna de se fortifier dans le Palais
d'Avignon. Le Pape Alexandre
envoie dans cette ville un Légat
avec

(marginalia:)
An de
J. C.

1402.

1403.

1402.

avec ordre d'expulser les Cata-
lans et les Aragonais d'Avignon
et du Comtat. Cet ordre fut la
source de tous les maux dont
Rodrigue accabla les Avignonais
qui montrèrent beaucoup de
bravoure ; mais qui, malgré les
plus vives attaques, ne purent
s'emparer des Forts défendus par
une bonne garnison, un habile
général et sur-tout par leur situation avantageuse.

Enfin, le nombre des parti-
sans de Benoît, diminuant chaque jour, il prit le parti de sortir
de France et de se retirer à Pa-
niscole place forte appartenant à
la maison de Luna, où il mourut
âgé de 80 ans.

Bientôt le calme renaît dans
Avignon et le Comtat, dure plus
d'un siècle et n'est interrompu
que par les guerres intestines
dont les opinions religieuses furent le sujet, ou plutôt le prétex-
te. Après ces orages, des séditions

1415.

D

passagères ne troublèrent qu'un
instant le calme dont nous jouissions. Notre ville gouvernée par
son Sénat, ses Consuls et un
Légat ou un Vice-Légat envoyé
par le Saint-Siège, prouva, dans
plusieurs circonstances, son atta-
chement pour les rois de France.
Aussi, François Ier. accorda le titre de Regni coles à nos concitoyens. Ces rois se sont emparés
quelquefois d'Avignon ; mais ils
l'ont rendu bientôt après aux
Souverains qui le possédaient depuis plusieurs siècles. La forme du
Gouvernement de cette ville était à
peu-près la même qu'à l'époque
du départ des Papes, lorsqu'une
révolution étonnante attacha notre sort à celui de la France, de
sorte qu'aujourd'hui, rien ne nous
distingue des français qui nous
entourent. Si nous conservons
quelques nuances d'un caractère
particulier, elles sont si fugitives
qu'elles échappent aux yeux de

An de
J. C.

l'observateur. Accoutumés auparavant à une longue paix , n'é-
tant point soumis aux levées militaires, presque libres d'impôts ,
jouissant de tous les droits des
français , sans en partager les
charges , nous vivions heureux
sous un Gouvernement paternel.
Les événemens politiques qui se
sont rapidement succédés, ont
opéré, dans un très-petit nombre
d'années, un changement qui
semblait exiger un plus long
invervalle. Puisse bientôt une
paix durable nous rendre le calme
et le bonheur dont nous jouissions
depuis plusieurs siècles. Je m'arrête à l'époque sanglante de notre révolution, car ma plume se
refuse à décrire des horreurs.

..... *Quis talia fando ,*
....
.... *Temperet à lacrymis ?...*

CHAPITRE II.

Avignon avant la Révolution.

AVIGNON est situé sur la rive
gauche ou orientale du Rhône,
à une demi-lieue de l'embouchure
de la Durance dans ce fleuve.
Cette ville est à 5 lieues de la
Fontaine de Vaucluse, 4 d'O-
range et de Cavaillon; 7 d'Arles
et de Nîmes, et à 17 de Marseille. Les lieues dont je parle
sont d'environ un demi-miria-
mètre ou 2565 toises. A l'exception du quartier où sont bâtis le
Palais du Vice-Légat, celui de
l'Archevêque, l'église Métropolitaine et quelques maisons voisines,
tout le reste de la ville est en
plaine. Son circuit est d'environ
une lieue; on peut en faire le tour
sous de belles allées d'ormeaux;

les jolis murs qui l'entourent ont
été élevés pendant le séjour que
les Papes firent à Avignon.

Autrefois cette ville avait moins
d'étendue ; on voit, dans plusieurs
endroits, des traces de ses anciens
remparts. On a trouvé en différentes circonstances, quelques médailles frappées sous les premiers
Empereurs de Rome, et divers
objets antiques, quoique en petit
nombre. Il serait étonnant qu'une
ville aussi ancienne qu'Avignon,
ne conservât presque aucune trace
de son antique célébrité, si l'on
ignorait que les dépôts du Rhône
en ont exhaussé le sol. Les fréquen-
tes révolutions qu'elle a éprou-
vées, ont encore contribué à dé-
truire ce que le tems n'auroit pu
effacer.

On apperçoit un mur évidemment antique au coin de l'église
de la Magdelaine, ainsi que dans
plusieurs maisons de la Fusterie ;
on voit dans quelques caves, les

vestiges d'un *amphithéâtre* : en certains endroits, ainsi qu'on en peut encore trouver des traces au quartier dit des Grottes, on avait pratiqué des voûtes qui ressemblaient à des espèces de casemates. On conjecture que ces lieux souterrains étaient ce que les romains appelaient *caves*, c'est-à-dire des lieux destinés à renfermer les animaux qui servaient aux spectacles.

On croit que tout près de l'église métropolitaine, il existait anciennement un Temple dédié à Diane, et que cette église était elle-même un second Temple consacré à Hercule ; la tradition nous apprend qu'on conservait encore du tems du Pape Urbain, une statue sur le pied de laquelle on lisait :

HERCULI AVENNICO
DEO POTENTI PROTECTORI
C. TUSCILIUS
PRO CIVIUM VENNIORUM
SUSCEPTO VOTO
T. M. D. D.

On dit que cette statue et plusieurs autres objets antiques furent ensevelis par ordre du pape Urbain , pour abolir dans Avignon , la mémoire de l'idolâtrie.

Thevet rapporte dans sa cosmographie que l'an 1146 , en creusant des fondemens de maisons , près des anciennes murailles , on découvrit une colonne de jaspe où était représentée la victoire que *D. Ænobarbus* avait remportée sur les Gaulois, près du fleuve *Vindalicus* ; mais on doit attribuer l'érection de cette colonne , en supposant véritable le récit de Thevet , à quelque événement postérieur , car Florus nous apprend qu'on fit simplement construire des tours de pierres sur lesquelles on plaça les armes des vaincus.

L'an 1619 , lorsqu'on voulut réparer le pavé de la cour de *St-Didier* , on découvrit une muraille très-épaisse , composée de grandes pierres carrées, et quelques tronçons de colonne.

En 1624, en creusant les fondemens du *noviciat des Jésuites*, on trouva un petit tombeau en forme de voûte qui contenait une urne de verre avec des lampes antiques.

En 1660, on découvrit des colonnes de porphyre et plusieurs débris de belles statues; plus récemment on a trouvé dans une autre maison un canal de plomb avec cette inscription :

Q. LICINIUS PATER N.

Gruter, dans son recueil, rapporte des fragmens de l'inscription des bains publics qu'il y avait anciennement à Avignon.

NYMPHIS SACR
LETREBONIUS PATEN
LIB. FORTUNATUS
VOTO POSUIT
SIGNUM CUM BASI. M.
ET ÆDEM F, CUR.

Je

Je ne m'étendrai pas davantage à ce sujet ; notre savant compatriote Mr. Calvet , a recueilli tout ce qui concerne les antiquités d'Avignon. Il conserve dans son riche cabinet la plupart des objets qui peuvent éclaircir l'histoire de cette ville.

Avant la révolution, on comptait dans Avignon sept églises Paroissiales ; celles de *St-Agricol*, de *St-Pierre* , de *St-Didier* , de *St-Geniez* , de la *Magdelaine* , de *Notre - Dame la Principale* , et de *St-Symphorien*. Nous possédions encore un grand nombre de maisons religieuses, telles que les *Dominicains* , les *Cordeliers* , les *Grands - Augustins* , les *Grands-Carmes* , les *Bénédictins* , les *Célestins*, les *Minimes*, les *Capucins* , les *Antonins* , les *Récolets* , les *Pères de la Doctrine chrétienne* , les *Carmes déchaussés* , les *Augustins réformés* , les *religieux Picpus* , les *Prêtres de l'Oratoire* ,

E

les *Observantins* , les *Jésuites*. Le revenu total de toutes ces maisons, se montait à environ cinquante mille écus de rente.

Outre les maisons des religieux, il y avait aussi une Communauté des *Frères des écoles gratuites* , un *Hospice pour les Chartreux* , et un *Collège de l'Ordre de Cîteaux*; mais ni dans l'un ni dans l'autre de ces deux dernières maisons, il n'y avait point de religieux à domicile.

Les Communautés religieuses des filles, étaient *l'Abbaye de Ste-Claire* , de *St-Laurent* , de *Ste-Catherine* , les *Dominicaines* , les *Visitandines* , les *Dames de St-Georges* , les *Carmelites déchaussées* , les *Religieuses de Ste-Ursule* , le Monastère du *Verbe-incarné* , les *Augustines* , les *Religieuses de St-André* , le Monastère de *Notre-Dame de refuge* , les *Religieuses de Notre-Dame* , celles de *Notre-Dame de la miséricorde* , les Religieuses *Hospitalières*. Le revenu de ces différentes Communautés de religieuses, était d'environ 130,000 livres.

Les Hôpitaux et autres maisons de charité établis à Avignon, dont plusieurs existent encore, étaient : l'*Hôpital de St Benezet* fondé en faveur des Pélerins ; le grand *Hôpital de St-Bernard*, ou *Sainte-Marthe*, fondé par Bernard de Rascas ; l'*Hôpital St Jacques* destiné aux Pélerins qui allaient visiter l'église de St-Jacques en Galice ; l'*Hôpital de St-Roch* fondé pour les pestiférés, par Thomas de Gadagne ; l'*Aumône générale* ; le *Mont de piété* que Mgr. de Marinis, Archevêque d'Avignon, institua son héritier universel, et établit pour prêter de l'argent sans intérêt ; l'*Hôpital des insensés* ; la *Maison des orphelins* ; la *Maison de Notre-Dame de la Garde* ; les *Repenties*. La dépense de ces maisons de charité, se montait à plus

de cent mille livres par an ; elles
entretenaient plus de cinq cents
personnes infortunées.

Il y avait encore sept confréries de Pénitens, les *gris*, établis
en l'an 1226 par Louis VIII, roi
de France ; les *noirs*, les *blancs*,
les *bleus*, ceux de la *Miséricorde*,
les *violets* et les *rouges*. On esti-
mait à 25,000 livres la dépense an-
nuelle de toutes ces Confréries.

L'*Université* fut fondée en 1303
par Boniface VIII, pour le droit
civil et canonique, pour la médecine et pour les arts libéraux. Jean
XXIII y ajouta la faculté de théo-
logie en 1414. Cette Université,
dont l'Archevêque d'Avignon était
le Chancelier né, s'est rendue célèbre dès son institution et a fourni
un grand nombre de Docteurs
aussi distingués par leur vertu que
par leur science.

Nous possédions aussi trois Séminaires, savoir: le *Séminaire* ou
Collège de St-Nicolas d'Anneci

àuquel on réunit celui du *Roure*, fut fondé par le Cardinal de Brongni du Duché de Savoye, en faveur des pauvres étudians; le *Séminaire de St-Charles* fut établi des bienfaits de la maison de Cambis qui s'est toujours distinguée par des actes de piété et de générosité; le *Séminaire de Ste-Garde*. Les revenus de ces trois Séminaires se montaient à quarante mille livres.

Il y avait encore à Avignon un *Collège de Jésuites* et quelques autres Collèges tels que celui de *St-Michel*. Environ neuf cents personnes étaient attachées au service des Autels ; elles jouissaient d'un revenu de 350 mille livres. Si à cette somme on ajoute les revenus des Séminaires, ceux des Collèges, des Hôpitaux et autres pieux établissemens, on trouvera que le bien du Clergé d'Avignon produisait, année commune, un revenu de 572 mille livres.

Il s'est tenu plusieurs Conciles

à Avignon : les *Tribunaux* étaient subordonnés au *Vice-Légat* qui résidait dans cette ville. Le *Vice-Légat* était Sur-intendant général des armes du Pape dans l'Etat d'Avignon et dans toute l'étendue du Comté-Vénaissin ; on lui donnait le titre d'Excellence, il logeait dans le Palais. Sa garde était composée d'une compagnie de Chevau-légers faisant la fonction de garde-du-corps, d'une compagnie de Suisses, d'un corps d'Infanterie et d'un Cavalier d'ordonnance.

Le Tribunal de la *Rote* jugeait tous les différends ecclésiastiques, civils et criminels qui survenaient dans la ville et le pays Vénaissin.

Le Tribunal de l'*Auditeur général* était, dans le fond, le même que celui du Vice-Légat.

La *Vice-gérence* fut établie pour connaître de toutes les causes de quelque nature qu'elles fussent, concernant les Ordres militaires et religieux.

Les affaires criminelles étaient jugées en dernier ressort dans une Congrégation où opinaient l'Auditeur général, les Juges de St-Pierre et l'un des assesseurs du Viguier, et à laquelle présidait le Vice-Légat.

Le *Tribunal du Viguier* était le plus ancien ; il a succédé à celui du Podestat qui avait été établi du tems qu'Avignon se gouvernait par ses propres lois. *Les Consuls*, au nombre de trois, étaient élus par le Conseil de la ville ; ce Conseil était composé de quarante-huit membres.

Outre les Tribunaux dont nous venons de parler, il y avait encore un *Juge particulier* pour les Gabelles, une *Conservation* pour les Officiers de commerce, et un *Tribunal du St Office*. Ce Tribunal était purement une juridiction ecclésiastique. On y procédait ici, avec autant de circonspection, de sagesse et d'équité que dans tout autre. Mais les ennemis de la religion et des bonnes mœurs avaient pris à tâche de le décrier.

La *Juiverie* est un quartier affecté aux juifs qui y font leur demeure ; ils 'y étaient clos et séparés des autres habitans. Elle a produit le savant Rabin Joseph Meir ; on a de lui un ouvrage hébreu intitulé : *Annales des rois de France et de la maison Ottomane.*

Dans tous les tems, Avignon a produit des hommes qui ont fait honneur à leur patrie. Les noms de plusieurs familles anciennes, occupent une place distinguée dans les Annales de France. Cette ville a vu naître un grand nombre de savans et d'artistes célèbres. Il en existe même plusieurs dans ce moment, qu'elle se glorifie de posséder. Les dames d'Avignon avaient formé, dans le 14e. siècle, une de ces sociétés connues sous le nom de Cour d'amour, où l'on discutait, avec autant d'esprit que d'équité, une foule de questions qui tendaient à entretenir cette délicatesse et cette décence qui ajoutent tant de charmes à l'amour.

Les Avignonais étaient reconnus regnicoles de France ; ils pouvaient posséder, dans le Royaume, toutes sortes d'emplois ecclésiastiques, civils et militaires (1).

CHAPITRE III.

État actuel d'Avignon.

Après avoir donné une idée des révolutions qu'a éprouvé Avignon depuis les tems où son histoire se perd dans la nuit des âges, jusqu'à la fin du dernier siècle, nous avons dit un mot de

---

(1) Ce chapitre est extrait en grande partie du Dictionnaire géographique de Mr. l'Abbé Expilly.

son ancien Gouvernement , de ses établissemens religieux et civils ; voyons à présent cette ville dans son état actuel, et indiquons au voyageur les objets qui pourront l'intéresser.

1. *Situation d'Avignon.*

Avignon est un pays des plus agréables de la France méridionale ; il renferme environ 22000 habitans. Sa situation au bord du Rhône, son climat tempéré , ses remparts ornés de créneaux et flanqués de tours, les belles allées qui l'entourent, les canaux qui entrecoupent son territoire , les prairies et les terres bien cultivées sur lesquelles l'œil se promène avec délice ; au couchant, un fleuve majestueux, les ruines d'un ancien pont , l'Isle de la Barthelasse et celle de Piot , bordées d'arbres élevés , les collines du Languedoc qui se prolongent en amphithéâtre, Villeneuve, le vieux Fort de St-André forment un tableau des plus animés et des plus riants.

Dans une heure et quart on fait le tour d'Avignon en suivant le rempart, ou plutôt les allées qui entourent les deux tiers de sa circonférence. Le Quai occupe la partie qui n'est point plantée d'arbres, et ne laisse qu'un petit espace entre la ville et les bords du Rhône. On finit cette jolie promenade et l'on arrive au point d'où l'on était parti, sans s'appercevoir de sa longueur à cause de la variété des objets et de la beauté des campagnes. La nature seule attire ici nos regards; on voit, à la vérité, quelques monumens anciens, tels que les ruines du Pont St-Benezet jeté sur le Rhône, l'Archevêché, les tours du Palais, les remparts; mais ces ouvrages qui n'ont que cinq ou six siècles d'ancienneté, n'ont point cette grandeur , cette majesté et cette nôblesse que nous admirons dans les monumens des Romains , et dont nous voyons de si beaux édifices , à Orange , à Cavaillon , à Vaison , à St-Remy , à Arles , sur le Gard près de Remoulin , et sur-tout à Nîmes.

On entre dans Avignon par sept portes qui se nomment : *St-Lazare*, l'*Imbert*, *St - Michel*, *St - Roch*, l'*Oulle*, le *Rhône* et la *Ligne*. Les principales auberges et les Bureaux des messageries se trouvent dans l'intérieur de la ville, entre celles de l'Oulle et du Rhône qui sont en face du couchant d'été. La première de ces portes est au centre de la promenade la plus fréquentée pendant les grandes chaleurs.

Quoiqu'il y ait à Avignon de beaux Hôtels et de belles maisons, la ville est si mal bâtie qu'il faut l'avoir habitée quelque tems pour ne point s'y égarer. Les rues en sont étroites , courtes et sinueuses. Le quartier le plus agréable est en allant des environs de la porte de l'Oulle à l'Hôtel de ville. Nos principales rues sont celles de la *Calade* et des *Lices* , des *Grottes* , la grande et petite *Fusterie* , *St-Michel* , le *Corps-Saint* , *St-Didier* , le *Marché neuf* , et dans une extrémité opposée de la ville , celles de la *Carreterie* et des *Infirmières*. La place du *Palais* , la place *Pie* où est notre marché aux herbes et aux fruits , celle de la *Pignotte* et des *Carmes* sont les plus remarquables de nos places publiques. La partie extérieure de la porte *St-Michel* , la façade de l'église des *Jésuites* , de *St-Martial* et de l'*Oratoire* , celle de l'*Hôpital* , de l'Hôtel *Ville-neuve* acheté par Mr. Deleutre , de l'Hôtel de *Conceil* , de *Crillon* , de la maison de Mr. *Monier des Taillades* , de celle dite *Poutingon* à la rue *Bonetterie* , etc. , etc. sont les principaux édifices qui attirent l'attention des connaisseurs.

2. Le Rocher de Don.

Si l'on veut avoir une idée de la situation topographique d'Avignon, on ne peut mieux faire que d'aller se promener sur le Rocher, situé au nord-ouest de la ville. On y monte par une pente douce ; mais il est escarpé et inaccessible du côté du nord-ouest, sa hauteur est de 24 toises au-dessus du niveau du Rhône qui coule à son pied, et n'en est séparé que par un espace assez étroit. Rien de plus majestueux et de plus varié que le tableau qu'on a sous les yeux ; on voit le Rhône qui se prolonge du nord au sud ; on suit son cours dans une étendue d'environ deux lieues ; à sa gauche et vers le midi , la Durance sépare notre département de la Provence ; à l'Est, on voit les montagnes du

Luberon et de Vaucluse, on distingue même, dans cette dernière, le Vallon où la Sorgue prend son origine. Au Nord-Est, une haute montagne attire les regards; c'est le Mont-Ventoux, il est calcaire et élevé de plus de 1000 toises sur le niveau de la Méditerranée. Au Nord on apperçoit les Collines de Château-neuf et de la Nerte. Une foule de villes et de villages entre-coupent une campagne superbe, mais bien moins fertile qu'on pourrait le croire.

Si l'on jette les yeux sur la ville, on voit les remparts qui l'entourent, les prairies et les jardins qu'elle renferme, les tours, les clochers et les édifices qui la dominent.

3. Eglise de Notre-Dame de Don.

En descendant du rocher on passe avant d'arriver à la place du Palais, devant l'ancienne Cathé-

drale, ou église Métropolitaine de
Notre-Dame de Don. Il y avait,
avant la révolution, plusieurs tombeaux remarquables, des statues
et des bas-reliefs bien sculptés. On
y voit encore une chapelle qui
attire l'attention des connaisseurs,
et le mausolée de *Jean XXII*.

Ceux qui savent que ce souverain a laissé des trésors immenses,
seront peut-être étonnés de la simplicité de son Mausolée, construit
en pierre fine, d'un genre singulièrement gothique et dépouillé
de tout ornement étranger.

Les colonnes qui forment le péristyle de la Cathédrale, ainsi que
l'entablement et le fronton qu'elles
soutiennent, sont évidemment
antiques; il est probable qu'on a
profité des débris de quelque ancien monument pour construire
celui-ci; on voit sous le péristyle
des peintures attribuées au fameux
Simon, de Sienne, peintre du 14e.
siècle;

siècle ; mais des personnes qui ont vu les ouvrages de cet ancien artiste , m'ont assuré que celles-ci leur étaient inférieures.

4. Des Papes et de nos anciens Gouverneurs.

Depuis la révolution , on ne peut entrer dans le Palais (qui n'a été séparé de l'église dont je viens de parler, que par des démolitions récentes), qu'en demandant une permission à Monsieur le Préfet, ou au Commandant de la Place. L'intérieur de cet édifice est un véritable labyrinthe : on y voit de grandes cours, des salles immenses, des murs dans l'épaisseur desquels se trouvent des cabinets, des escaliers dérobés et des passages qui conduisent dans de vastes appartemens ; on y voit des salles voûtées , éclairées par une faible lumière ; il en est une où le jour parvient à peine ; elle est soutenue

F

par un pilier auquel on prétend que fut enchaîné *Rienzi* qui, vers le milieu du 14e siècle, fit retentir Rome des cris de liberté, d'égalité et data ses lettres du Capitole, l'an Ier. de la République libre.

Il y avait de beaux appartemens, occupés par les Vice-Légats; ils ont été détruits. Depuis la révolution on ne voit presque que des ruines dans la partie du Palais où nos Gouverneurs avaient établi leur demeure. Les prisons seules qui étaient du côté opposé, ont été soigneusement entretenues.

La grande chapelle, ainsi que la salle qui était au-dessous où il y avait quatre-vingt pièces de canon qu'on transportait sur le rocher, et qu'on tirait en signe de réjouissance, méritent encore d'être vues.

On peut se promener sur le Palais, il est presque entièrement couvert par des espèces de terrasses d'une construction analogue aux autres irrégularités de ce vaste édifice. Ses tours dominent le rocher de dix ou douze toises ; la vue y est par conséquent beaucoup plus étendue. Ce Palais fut l'ouvrage de plusieurs Papes qui résidèrent à Avignon. Sa masse et sa construction ont quelque chose de surprenant ; cet édifice enfin, ne peut être comparé qu'à lui-même. *Michel de l'Hôpital* dit à son sujet : *Moles etiam miranda Palatii.*

5. *Ancien Palais des Archevêques.*

Dans le fond de la place du Palais, on voit l'ancien Archevêché qui renfermait de très-belles salles et de beaux appartemens ; ceux du nord dominent le Rhône. On a devant soi la partie du Quai là plus animée ; à sa droite, le Bac-à-traille ; et à sa gauche, l'ancien pont.

6. *Hôtel des Monnaies.*

Vis-à-vis la principale entrée du

Palais, se trouve un bâtiment, sur la façade duquel on voit de grands Aigles en pierre ; c'était anciennement l'Hôtel des monnaies : aujourd'hui cet édifice est affecté à la gendarmerie.

7. *Maison Lapalun.*

En face de l'archevêché, à l'autre extrémité de la place, on remarque une maison moderne de bon goût. Le propriétaire Monsieur Calvet de Lapalun possède une jolie collection de tableaux rangés dans une belle galerie, ainsi que des plâtres moulés sur l'Apollon du Belvédère, la Vénus de Médicis, l'Antinoüs, etc., etc. L'escalier qui conduit dans la galerie, attire l'attention des connaisseurs.

CHAPITRE IV.

MAISONS DE BIENFAISANCE ET DE DÉTENTION.

1. *Hôpital de Ste-Marthe ou Hôtel-Dieu.*

Le grand Hôpital situé au N-E., à l'extrémité de la ville, mérite d'être remarqué. La grandeur et la propreté des salles, l'ordre qui y règne, l'exactitude du service, les vastes cours qu'il renferme, les jardins dont il est entouré, ne peuvent qu'attirer l'attention des amis de l'humanité. Des religieuses y donnent aux malades des soins continuels et désintéressés : un médecin et un chirurgien en chef visitent les malades deux fois par jour. En leur absence, des élèves instruits recueillent des observations dont ils font part à leurs chefs. Une administration aussi éclairée que bienfaisante, porte sa surveillance jusques dans les moindres détails : elle regarde les intérêts des pauvres malades comme les siens propres. Cette administration dont MM. *Barthelemy*, de la *Batie*, de *Galéans*, *Gasqui* et *Denis Michel* sont les membres, de concert avec Mr. de *Puy* ex-Maire, engagea Mr. Pamard à faire un cours d'anatomie, et Mr. Sauvan à instruire des élèves dans l'art des accouchemens; quelque tems après Mr. Roche y professa la physiologie; Mr. Guérin le fils la nosologie suivie de l'application des préceptes médicaux à l'art de guérir; Mr. Calvet que la mort a enlevé à la fleur de l'âge, donna des leçons de matière médicale; et Mr. Clément le fils, de pathologie chirurgicale. Quinze ou vingt élèves suivent avec assiduité les différens cours qui ont lieu dans l'amphithéâtre de l'Hospice.

Une collection très-utile pour les élèves, et qui renferme déjà des dessins et des pièces anatomiques, a été commencée depuis peu. Grace au zèle des Professeurs et des élèves, nous posséderons bientôt un cabinet intéressant.

2. *Hospice des orphelins et des pauvres, ou Aumône générale.*

L'hospice des orphelins et des pauvres est un édifice considérable, où un grand nombre d'infortunés trouvent un asile et des secours. Dire qu'il est sous la surveillance de l'administration de l'hôpital Ste-Marthe, c'est en dire assez pour donner une idée de l'ordre qui y règne. Il y a une salle où s'assemblent les membres du Comité de vaccine, chargés de donner leurs soins aux pauvres vaccinés, et de pratiquer gratuitement cette opération.

3. *Maison de Bienfaisance.*

La maison de bienfaisance due

à la philantropie de Mr. *Pelet*, préfet de Vaucluse, et de Mr. de *Puy*, ancien Maire, est une maison où règne l'ordre, l'intelligence, la prévoyance et l'économie. On y a construit des fourneaux selon les procédés du Comte de *Rumford*, et l'on y distribue, avec abondance, des potages sains et économiques que ce bienfaiteur de l'humanité nous a fait connaître ; les indigens honteux et laborieux y trouvent des secours, du travail, et des remèdes lorsqu'ils sont malades.

« Tous les malheureux, (dit
« l'Auteur de la topographie d'A-
« vignon), ont part à la bienfai-
« sance ingénieuse de cette Admi-
« nistration. Les prisonniers visi-
« tés par les membres de cette mai-
« son, en reçoivent souvent de
« la soupe, de la viande et du
« vin...... Les hommes ainsi que
« les femmes sont élevés à filer du
« chanvre et du coton. »

Des

Des dames dont plusieurs appartiennent aux premières familles de la ville, donnent des soins et des secours aux personnes de leur sexe; elles vont dans plusieurs maisons, adoucissant par leur présence et leurs conseils, des maux d'autant plus cruels qu'on n'oserait s'en plaindre. Leurs soins délicats ne sont souvent connus que de ceux qui les reçoivent. Elles n'attendent pas qu'on les avertisse; elles recherchent les infortunés et les préviennent. Elles semblent dirigées par l'amitié prévoyante, plutôt que par cette charité aveugle et trop souvent rebutante. Sexe sensible, sexe religieux et consolateur, un si noble emploi vous place, pour ainsi dire, entre l'homme et la Divinité ! heureux, même dans leur infortune, ceux dont vous séchez quelques larmes.

4. *Hospice des Insensés.*

L'hospice des insensés, situé au

G

nord du rocher qui domine Avignon , mérite d'être visité. On sait ici , combien le zèle de quelques citoyens éclairés et charitables , a été utile à cet établissement (1). Il réunit tous les avantages qu'on peut désirer dans le traitement de la manie et de la folie. Cours vastes et bien aérées , jardins spacieux , bâtimens bien construits , etc. etc. L'auteur de la topographie d'Avignon observe que les loges sont un peu étroites et par conséquent mal-saines.

Le nombre des insensés est de 35 ou 40 , la maison pourrait en contenir bien davantage. On y conserve un Christ d'ivoire , très-bien sculpté , les connaisseurs

---

(1) Mr. de Broutet l'aîné est celui de nos concitoyens dont le zèle et les lumières ont le plus contribué à illustrer cet établissement. Plusieurs traits de charité et de bienfaisance le rendent cher aux Avignonais.

voient avec plaisir cet ouvrage.

5. *Succursale.*

Nous possédons un établissement considérable destiné aux invalides des armées ; ceux qui aiment l'ordre , la propreté et l'économie , verront avec plaisir l'intérieur de cette maison.

6. *Mont-de-Piété.*

Le Mont - de - Piété dont nous avons déjà parlé , a été respecté dans nos orages politiques. Les circonstances exigent qu'on retire un léger intérêt des sommes qu'on y prête. Un établissement nommé *Condition* pour la soie , fournit quelques revenus à cette maison.

7. *Prisons.*

L'air n'a point un accès assez

libre dans nos prisons, les cachots
en sont humides et mal-propres.
On regarde trop généralement les
prisonniers comme des criminels,
tandis qu'un grand nombre d'entr'eux est plus malheureux que
coupable. Les salles sont obscu-
res et peu éclairées ; des murs ex-
traordinairement épais empêchent
les prisonniers de respirer le bon
air, aussi sont-ils souvent malades.
On devrait balayer tous les jours,
et passer chaque année un lait de
chaux sur les murs ; il serait à désirer que le Gouvernement s'occu-
pât des moyens d'en entretenir la sa-
lubrité et d'adoucir le sort de tant
de malheureux qui ne méritent pas
toujours les cruels traitemens qu'ils
éprouvent. Il est reconnu que la
propreté prévient des épidémies,
des épizooties ; quoi, les hommes
seuls ne profiteroient pas des observations dont on tire parti pour l'é-
ducation des animaux ! O humanité, où trouver tes saintes lois ?

CHAPITRE V.

Sociétés savantes, Cabinets publics, Collèges

et Manufactures.

1. *Athénée de Vaucluse.*

Cette académie établie à Avignon sous la Préfecture de Mr. *Pelet*, tient ses séances dans le bâtiment de *St-Martial*, où l'on a transporté depuis peu une bibliothèque considérable, une collection composée des tableaux qu'on voyait dans nos églises, et quelques pièces d'histoire naturelle. Les membres de cette société s'assemblent deux fois le mois, et s'occupent des objets relatifs à l'agriculture, au commerce, aux sciences, aux belles lettres et aux arts; ils sont ordinairement présidés par Mr. le Préfet de Vaucluse, ou par Mr. *Voulonne*, vice-président.

L'athénée a distribué, l'année dernière, deux prix d'agriculture,
dont un de ses membres avait fait
les fonds. On peut voir dans les
mémoires publiés par cette société,
de combien d'objets elle s'est occupée. D'après la proposition de Mr.
Piot, elle a ouvert une souscrip-
tion pour faire ériger un monument à Pétrarque. Mr. le Préfet
Bourdon chargea de ce travail
un de nos ingénieurs, d'après
les dessins duquel on construi-
sit un piédestal qui doit porter une
colonne. Ce monument de mau-
is goût est un sujet continuel de
critique. Je dois justifier ici le plus
grand nombre des membres de l'a-
thénée qui avait, pour ainsi dire,
devancé l'opinion publique en s'op-
posant de tout son pouvoir à l'é-
rection d'une colonne située au pied
des immenses rochers qui dominent la source de Vaucluse.

L'académie d'Avignon est divi-
sée en trois classes. La première est

celle des sciences exactes et naturelles ; la seconde , renferme la philosophie et les belles lettres ; la troisième , l'agriculture et le commerce.

Mr. *J. Guérin* est secrétaire de la première classe ; M. *Crively* , de la seconde ; et Mr. *Bouchet* , de la troisième ; Mr. *H. Morel* en est le secrétaire général ; et Mr. *Délui* , le secrétaire adjoint. Les membres de cette société sont divisés en honoraires , associés ordinaires ou résidens , associés étrangers , et correspondans.

2. *Société de Médecine.*

Quelques médecins d'Avignon se réunissaient de tems en tems pour s'éclairer par un commerce réciproque et amical ; mais ne pouvant se rassembler régulièrement sans y être autorisés , ils sollicitèrent un arrêté de M. le Préfet de Vaucluse, et ce magistrat institua , le 8 frimaire an 11 , la Société de médecine.

Une lettre du Ministre de l'intérieur, en date du 13 pluviôse de la même année , confirma l'arrêté qui avait été pris.

Cette société s'assemble ordinairement le premier jour de chaque mois , dans le même local que l'athénée. A l'issue de ses séances, tout individu peut réclamer ses secours ; elle donne aux pauvres des consultations gratuites , etc....

Elle est composée de membres honoraires , résidens , agrégés et d'associés non résidens , Mr. *Guerard* la préside : M. *Brunel* en est le vice-président, *Guérin* le père le trésorier , J. *Guérin* le secrétaire perpétuel , et *Clément* le secrétaire adjoint. Les membres de cette société cherchent plutôt à s'instruire entr'eux qu'à acquérir de la célébrité ; voilà pourquoi ils n'ont point encore publié des mémoires quoiqu'ils en aient un assez grand nombre qui méritent d'être connus du public.

3. *Comité de Vaccine.*

Ce comité est composé de MM.
les Curés, des Administrateurs des
hospices, et de ceux des Bureaux de
bienfaisance, des citoyens les plus
éclairés, et des médecins, chirur-
giens et pharmaciens les plus instruits. Il s'assemble dans l'Hôtel
de la préfecture; Mr. le Préfet en
est le président. On y discute, sans
partialité, des faits relatifs à la
vaccine; on y a fait plusieurs expé-
riences sur cette intéressante découverte; toutes paraissent, jusqu'à ce moment, favorables à la
nouvelle inoculation. Des observations mal faites, et des faits in-
certains qui semblaient jeter quelque discrédit sur la vaccine, ont
été vérifiés avec la plus scrupu-
leuse exactitude, et l'on s'est assuré
que toutes les objections qui semblaient infirmer cette découverte,
lui donnaient au contraire un

nouveau poids , lorsqu'elles étaient
bien analysées.

4. *Musée d'Avignon*.

Le public ne jouirait pas de cet
établissement formé en grande partie par les bibliothèques des maisons religieuses , et les tableaux qui
étaient dans différentes églises , si
Mr. *de Puy* n'eût fait rassembler ,
à ses frais , les boiseries qui existaient déjà , et n'en eût fait construire de nouvelles soit pour placer
les livres , soit pour y conserver
différens objets d'histoire naturelle.
Il y a deux ans que ce magistrat
avait engagé un naturaliste à par-
courir le département , et à y faire
transporter des échantillons de toutes les terres , pierres ou minéraux
qu'il produit. Il avait déjà donné des
fonds suffisans pour cet intéressant voyage ; mais des circonstances imprévues ont empêché ce particulier d'effectuer cet utile projet.

On trouve dans notre bibliothèque quelques ouvrages rares ;
plus des trois quarts des livres qui
la composent, sont des livres ascé-
tiques. Mr. *Calvet* qui en est le
bibliothécaire, travaille depuis long-
tems à classer ces ouvrages, à se
procurer des volumes égarés, et à
mettre en ordre ce chaos bibliogra-
phique. Bientôt le public jouira du
fruit de ses peines. Ce travail avait
été commencé par Mr. *de Fortia* ;
mais ce savant fut obligé de partir
pour la Capitale et d'y faire un
long séjour. Bientôt après on trans-
porta à St-Martial les livres et les
différens objets qui étaient à l'Archevêché, de sorte que ce premier
travail n'eut pas l'issue avantageuse
qu'on s'en était promise.

Quoique les tableaux que nous
possédions dans le même établissement, ne soient pas des plus
grands maîtres, il y en a quel-
ques-uns qui méritent d'attirer les
regards des curieux.

On peut voir dans le Cabinet d'histoire naturelle, ou plutôt dans la salle destinée à cet usage, quelques oiseaux parfaitement conservés, et dont les attitudes sont très-naturelles.

Nous n'avons aucun objet en minéralogie ni en conchyologie qui soit digne d'attirer les savans ; l'ancien bibliothécaire Mr. l'abbé *Meynet* légua à la commune d'Avignon, tout ce qu'il possédait dans ce genre. Quelques amateurs y ont transporté différentes pièces ; malgré ces secours notre cabinet est encore bien pauvre.

5. *Collége.*

Nous avons un collége où des Professeurs instruits donnent des leçons de grammaire, de latinité, de belles lettres, de mathématiques et de physique. Nous devons encore cet établissement ainsi que la plupart de ceux qui tiennent à la bienfaisance, ou à l'instruction, aux demandes et au zèle de Mr. *de Puy.* on y distribue, annuellement, des prix pour entretenir l'émulation parmi les élèves, et récompenser ceux qui se sont le plus distingués.

6. *École de Dessin.*

Une école publique de dessin a été encore établie dans l'enceinte du Musée, par le magistrat que je cite à toutes les pages, et qu'il faudrait citer encore plus souvent, car sa surveillance s'etendait sur toutes les parties de son administration. Ce n'est pas seulemeut de l'intérieur de la ville qu'il s'occupait. Il encourageait l'agriculture ; les agronomes les plus intelligens étaient publiquement récompensés ; presque tous les chemins du territoire ont été plantés par ses soins ; de nouveaux canaux d'écoulement ont été creusés, ou mieux entretenus ; des marécages

ont été changés en terrain produc-
tif ; nous lui devons encore un
pont sur le Rhône qu'on a déjà
commencé et qui établira une com-
munication plus aisée entre le
Languedoc , le Comtat et la Provence...... Que de fois cet excellent
citoyen n'a-t-il pas exposé ses jours
pour le salut des Avignonais ! On
l'a vu monter avec intrépidité sur
un frêle esquif à l'époque des inon-
dations , et encourager des mate-
lots qui pâlissaient d'effroi ; lui seul
ne craignait rien , tandis que tous
les spectateurs tremblaient pour ses
jours. Il portait les premiers secours
dans les incendies , encourageait
les ouvriers par sa présence , et sur-
tout empêchait le désordre. Dans
les temps les plus orageux , que de
victimes , sa fermeté , sa prudence
et son courage ont soustraites au fer
des bourreaux ! Que ce digne Magistrat , ce vertueux citoyen me
permette de lui offrir ici mon faible tribut de reconnaissance ! Que

de traits de générosité et de désintéressement je pourrais ajouter à cet article! Combien de fois n'at-il pas emprunté des sommes à gros intérêt pour les donner aux Hospices !..... Je me tais, car sa délicatesse pourrait s'alarmer de mes justes éloges........

7. *Fonderie de fer et de cuivre.*

Dans l'ancien couvent des Dominicains, on a établi une fonderie. On y fond des pièces d'artillerie d'un gros calibre, des ouvrages en fer ; on y lamine du cuivre pour le *doublage* des vaisseaux ; on y fait de gros clous en fonte pour le même objet, etc., etc. La voûte enfumée de l'église métamorphosée en vaste atelier, le bruit des marteaux et du laminoir dont elle retentit, le feu des fourneaux qui éclaire presque seul ce vaste édifice, le grand nombre d'ouvriers à demi-nuds qui travaillent avec la plus

grande activité , font sur le specta-
teur une impression singulière. Je
ne suis jamais entré de nuit dans
cet atelier , sans me rappeler Lem-
nos , Vulcain et ses Cyclopes.

8. *Diverses Fabriques , Imprime-ries.*

Nous possédons diverses manufactures moins curieuses , mais non
moins utiles. L'habitant du nord
voit avec intérêt nos différens mou-
lins ou métiers propres à retirer la
soie du cocon , à la dévider et à
en faire le taffetas ou le florence.
Nous avons des teinturiers habiles ,
établis sur les bords d'un Canal
qui traverse la ville. Nos fabriques
de toiles peintes , nos imprimeries
sont encore des branches de commerce qui fleurissent à Avignon.

9. *Cabinets particuliers.*

Mr. *Calvet* , ancien Professeur
en médecine , membre de la ci-de-
vant

vant académie des Inscriptions et de plusieurs autres sociétés savantes , possède la plus belle et la plus riche collection de statues , de médailles et de pierres antiques , qu'on puisse voir dans la Province. Il est également riche en objets d'histoire naturelle ; mais ce qui est plus précieux pour le monde savant, ce sont ses manuscrits formant plusieurs volumes *in Folio* ; ils sont remplis d'observations utiles , de recherches intéressantes , de dissertations curieuses , et écrits avec une clarté , une méthode et une pureté qu'on trouve bien rarement chez la plupart des auteurs. Mr. *Calvet* a encore une bibliothèque très-considérable ; elle est composée des meilleurs ouvrages anciens, de livres rares , et des éditions les plus correctes.

10. *Cercle du commerce , Bourse.*

Les négocians de notre ville se

H

sont réunis en une société qui a pris le nom de Cercle, dans laquelle ont été admises des personnes de tous les rangs. On y reçoit plusieurs journaux et autres ouvrages périodiques; un étranger y est admis sur la présentation d'un membre ordinaire. Cette société a donné des bals magnifiques, où plus de quatre cents personnes étaient invitées.

Nous possédons encore un de ces établissemens nommés Bourse, où se rassemblent les négocians.

11. *Objets égarés, ou détruits.*

Il y avait, avant la révolution, dans nos principales églises dont plusieurs n'existent plus, ou dont on ne voit que les ruines, une foule de tombeaux et de monumens curieux qui n'ont point été respectés par nos destructeurs modernes. Les bibliothèques des religieux renfermaient des ouvrages rares et des manuscrits anciens, qui ont été brûlés, égarés, ou volés. Des tableaux de prix ont servi à différens usages domestiques : on en a même lessivé pour en retirer la toile. Des statues précieuses ont été mutilées, ou plutôt pulvérisées. On n'a presque rien respecté de ce qui avait quelque rapport avec le culte. Les mausolées des Papes, des grands Hommes, des Capitaines et des guerriers les plus distingués, ont été détruits. Le souvenir de Pétrarque n'a pu protéger le tombeau modeste de la belle Laure. Les vertus du brave Crillon, de cet illustre défenseur de sa patrie et de son roi, n'ont pu faire respecter son dernier asile. En un mot, les chefs-d'œuvre de cinq siècles ont disparu en un instant, de sorte que cette ville remplie auparavant d'objets curieux, est aujourd'hui une des plus pauvres en ce genre.

CHAPITRE VI.

CLERGÉ ET ADMINISTRATIONS GÉNÉRALES.

1. *Clergé et Églises.*

C'est à Avignon que notre évêque M. *Perrier* fait sa résidence. Quatre églises principales ont été conservées pour l'exercice du culte ; savoir : *St-Agricol*, *St-Pierre*, *St-Didier* et l'église des *Carmes*. Les œuvres de l'*Aumône*, de l'*Hôpital* et de la *Miséricorde* ont chacune leur Chapelle particulière. On ne voit, dans ces Temples, aucun monument ni aucun tableau qui puisse y attirer les voyageurs.

> Que les temps sont changés.....
> *Athalie*, act. 1, scèn. 1.

Nous posséderons bientôt une maison religieuse qui sera connue sous le nom des *Sœurs du St-Sacrement.* Des dames respectables qui se chargeront de l'éducation des jeunes personnes, ont acheté l'ancien couvent de la Visitation, où il y a une jolie église, un local commode et des jardins. Si les établissemens pour les sciences et les arts sont utiles, ceux dans lesquels on donne les préceptes d'une morale évangélique, et où l'on inspire, de bonne heure, l'amour des devoirs et de la vertu, contribuent bien davantage au bonheur de la société.

2. *Préfecture de Vaucluse.*

La préfecture de Vaucluse a été administrée d'abord par le sage Mr. *Pelet*, actuellement Conseiller d'Etat, et toujours attaché à un pays qui n'a point oublié les services importans qu'il lui a rendus. Mr. *Bourdon* lui a succédé, et ensuite Mr. *Delattre*, Officier de la

Légion d'honneur et ancien Questeur du corps-législatif. Les vertus de ce respectable Magistrat le font chérir de tous ceux qui le connoissent, ou qui ont quelque grace à lui demander. Sa sensibilité vient d'éprouver un choc bien rude, par la perte de sa fille. Il a eu la triste mais douce satisfaction de voir tous les Avignonais partager ses regrets. Mademoiselle *Eliza* Delattre était le modèle des vertus, des graces et de la beauté. Tendrement aimée par les personnes de son sexe, les larmes qui coulèrent à sa mort, furent celles de la véritable douleur. Le monument funèbre que lui a fait ériger la tendresse paternelle, est entouré de plantes odoriférantes et de saules pleureurs ; on y a sculpté des guirlandes de roses et de lys, dans lesquelles on distingue des violettes et des pensées, emblêmes de sa modestie et de sa beauté. On y lit une épitaphe qui doit transmettre à la postérité , la tendresse paternelle et la piété filiale. Cette inscription me rappelle les vers que Racine met dans la bouche d'*Agamemnon* , lorsque ce père infortuné se voit sur le point de perdre *Iphigénie* qui semblait revivre en Mademoiselle *Eliza Delattre* :

> Ma fille , ce nom seul , dont les droits sont si saints ,
> Sa jeunesse , mon sang , n'est pas ce que je plains.
> Je plains mille vertus , une amour mutuelle ,
> Sa piété pour moi , ma tendresse pour elle ,
> Un respect qu'en son cœur rien ne peut balancer , etc. , etc.

Cette Stance mélancolique d'*Esther* , semble écrite pour mademoiselle *Eliza* :

> Hélas ! si jeune encore ,
> Par quel crime ai-je pu mériter mon malheur ?
> Ma vie à peine a commencé d'éclore ,
> Et j'ai tombé comme une fleur
> Qui n'a vu qu'une aurore.

Hélas ! si jeune encore ,
Par quel crime ai-je pu mériter mon
malheur ?

Ce triste événement me rappelle ces jolis vers de *Malherbe* :

Mais elle était du monde , où les plus
belles choses
Ont le pire destin ;
Et rose elle a vécu ce que vivent les
roses ,
L'espace d'un matin.

Mairie , *Police de la Ville.*

Le maire actuel d'Avignon ,
Mr. de Bertrand marche sur les
traces de son prédécesseur ; il a
les mêmes vertus et le même zèle
pour le bien public.

La police se fait ici avec beaucoup de soin ; on peut aller avec su-
reté à toute heure dans les quartiers
les moins peuplés. Le plus grand
ordre règne dans nos marchés ; la
place

place au fruit est couverte d'une tente qui garantit les marchands et les acheteurs des rayons du Soleil. Les pauvres trouvent toute sorte de secours dans la maison de Bienfaisance ; on n'est pas fatigué comme autrefois à la porte des églises et dans les lieux publics par leurs demandes continuelles.

CHAPITRE VII.

1. *Productions Territoriales.*

Le territoire d'Avignon est fertile et bien cultivé ; mais il a très-peu d'étendue : La ville n'a , du côté du couchant , que des promenades qui la séparent du Rhône ; au midi, la Durance lui sert bientôt de barrière ; ce n'est qu'au levant et au nord qu'il s'étend davantage. Notre sol étant le point le plus bas du département , serait trop humide dans plusieurs endroits si les vents du nord qui dominent, et les nombreux fossés d'écoulement ne contribuaient à en dessécher la surface. Il est arrosé par la Sorgue et la Durance d'où l'on a dérivé plusieurs canaux d'irrigation. Les productions de notre territoire suffisent à peine pour nourrir les habitans d'Avignon trois mois de l'année ; les blés qui nous parviennent de la Bourgogne, entretiennent l'abondance dans un département où les récoltes céréales sont insuffisantes.

Le vin d'Avignon , sur-tout celui des parties basses du terroir, est d'une qualité très-médiocre.

Nos marchés sont fournis en grande partie par les habitans de Cavaillon, et les beaux jardins situés au bord de la Durance.

Les mûriers nous donnent la nourriture des vers à soye. Cet insecte entretient la branche du commerce la plus lucrative pour Avignon et le département.

Nous n'avons qu'un très-petit nombre d'oliviers.

On cultive, encore, les différentes espèces de froment, le seigle, l'avoine, l'orge, la poumoule (*hordeum distichon*). Nous avons beaucoup de prairies, quelques terres semées en luzerne (*medicago sativa*) et en sainfoin. Les plantes légumineuses telles que les pois, les haricots, les fèves, la gesse sont également cultivées.

Nous ne semons point la navette ni le colsa ; les noyers sont très-rares ; la pistache de terre (*arachis hypogea*) n'a pas eu le succès qu'on s'en était promis ; notre terrain est trop compacte pour que cette plante y produise un grand nombre de Siliques. Ce n'est que sur les bords sabloneux du Rhône ou de la Durance qu'elle pourrait bien réussir.

Il paraîtrait étonnant que les maisons de campagne et les granges fussent aussi rares sur notre 'territoire, si l'on ne faisait attention à la grande surface d'une ville assez déserte, et dont près de la moitié est occupée par des jardins ou des prairies.

CHAPITRE VIII.

Caractère des Avignonais, beau Sexe, etc.

Les Avignonais sont en général bons et complaisans. Le peuple n'a de grossier que son extérieur ; s'il paraît moins prévenant et moins poli que l'habitant du nord, il faut en accuser sa vivacité, son éducation, ses habitudes, l'influence même du climat, plutôt que son cœur. Des étrangers, dont la plupart avaient trouvé chez nous un asile, ont égaré un petit nombre d'individus, et ont commis seuls tous les désordres qui ont rendu notre ville si tristement célèbre pendant les orages de la révolution. Si l'on connaît les grands crimes, on ignore une foule de traits d'humanité, de grandeur d'ame et de désintéressement qui honorent plusieurs familles du peuple : combien n'en pourrais-je pas citer, qui, en veillant sur les jours des proscrits, et leur prodiguant toute sorte de secours, couraient les plus grands dangers et devenaient, quelquefois, les victimes de leur humanité. Combien de pauvres citoyens ont partagé avec eux des alimens qui leur suffisaient à peine, dans un temps où des arrêtés inhumains punissaient la bienfaisance comme les plus affreux de tous les crimes !... Enfin, plusieurs personnes du sexe ont montré une fermeté et un courage dignes de figurer dans les fastes de l'histoire.

Depuis que NAPOLÉON est monté sur le Trône, les Avignonais que la terreur avait rendus méfians et soupçonneux, ont repris leur ancien caractère, sans reprendre cependant leur ancienne gaieté. Nos mœurs ont été altérées par le passage continuel des troupes, par les romans immoraux qui sont plus répandus que jamais, même dans la classe du peuple, par des ouvrages soi-disants philosophiques, en un mot par des lectures qui choquent tout à-la-fois le bon goût, la pudeur et la morale. Les recherches de la police ne devroient-elles pas remédier à un abus d'autant plus funeste qu'il est la source des plus grands désordres ? que doivent être les mœurs quand on imprime avec liberté et qu'on colporte les ouvrages les plus scandaleux ?

Des lieux publics connus sous le nom de Bastringues, établis mal à propos, ou autorisés par foiblesse, si dangereux pour la dernière classe du peuple et pour nos domestiques ; de nombreux cafés , des cabarets multipliés , etc. , etc. , contribuent à augmenter le mal.

Dans tous les états on a un goût beaucoup plus vif que dans les villes qui nous entourent , pour le luxe et tous les plaisirs qui font négliger les devoirs domestiques. Très-peu de personnes ont le courage de ne point suivre l'exemple de leurs voisins ou de leurs amis , quoiqu'elles aient la bonne foi de convenir qu'il vaudrait mieux l'éviter. Enfin , l'on redoute beaucoup trop cette espèce de critique mal fondée , dont on devrait s'applaudir.

L'éducation est négligée , on ne s'attache presque qu'à des avantages extérieurs et frivoles ; on laisse beaucoup trop de liberté aux jeunes gens , de sorte que dès leur première jeunesse , ils sont aussi licentieux dans leurs actions que dans leurs propos. On ne leur ins-

pire point avec assez de zèle et de
constance, les principes de religion, d'humanité, de bienfaisance
et de patriotisme qui font le char-
me des belles ames. La solide instruction est bannie des études ; la
jeunesse est trop peu surveillée ;
on ne cherche qu'à faire briller
l'esprit, et le cœur aride manque
souvent de cette sensibilité qui caractérise l'ami des hommes (1). O
nature combien nos institutions,

---

(1) Nous pourrions dire au sujet de
l'éducation du sexe ce qu'Horace disait
aux Romains dans sa belle Ode qui commence par ces vers :

Delicta majorum immeritus lues
Romane, donec templa refeceris,
Ædesque labentes deorum, et
Feoda nigro simulachra fumo..........
Motus doceri gaudet Jonicos
Matura virgo, et fingitur artibus
Jam nunc, et incestos amores
De tenero meditatur ungui.

nos mœurs et nos habitudes sont éloignées de tes saintes et douces lois !

Les différentes sociétés particulières sont divisées à Avignon en quatre classes ; chacune de ces classes a ses assemblées. La Noblesse s'est toujours distinguée par son éducation , son usage du monde, son ton et ses manières ; elle a ses fêtes , ses bals et ses sociétés particulières , où quelques individus de l'autre classe sont admis, mais en très-petit nombre. Il est étonnant que la révolution n'ait pas réuni les personnes que l'éducation et les mêmes malheurs auraient dû rapprocher. La seconde classe est composée des propriétaires aisés , des avocats , des médecins et de tous ceux qui ont reçu une éducation soignée ; la troisième comprend les marchands , les fabricans , les artisans ; cette classe paraît vivre avec plus d'aisance depuis quelques années. La quatrième et la plus nombreuse est celle des agriculteurs et des ouvriers.

Il y a de très-jolies personnes à Avignon dans toutes les classes, sur-tout dans celle des marchands et des artisans; elles ont beaucoup de grace et de vivacité ; le costume de ces dernières qui n'est point dépourvu d'élégance , tient le milieu entre celui du bas-peuple et des dames du premier rang. En général , le goût et la propreté les distinguent. La taille des Avignonaises est moyenne : de belles couleurs, un beau teint , de beaux yeux, une physionomie pleine d'expression les font remarquer. Les étrangers qui voient nos promenades un jour de fête , sont très-agréablement surpris et parlent tous avec enthousiasme du sexe qui les embellit. On pourrait croire un Avignonais prévenu en faveur de ses charmes , si une foule de voyageurs n'avaient fait avant lui les mêmes remarques ; mais *Sterne*, *Bernardin de St-Pierre* et beaucoup d'autres écrivains pourraient-ils être accusés de partager ma prévention ?

CHAPITRE IX.

CLIMAT D'AVIGNON.

1. *Température.*

L'AIR des environs d'Avignon est ordinairement sec quoique le sol soit humide. Plus le vent du N. N. O. qui est notre bise, domine, plus l'atmosphère est sèche. L'humidité ne se manifeste que pendant le calme, ou lorsque les vents méridionaux se font sentir.

1°. *Observations faites avec le Thermomètre.*

Nous n'avons pas un assez

grand nombre d'observations ther-
mométriques pour en déduire avec
une rigoureuse précision la température moyenne , qui ne doit pas
être éloignée de 11 degrés et demi
du thermomètre de Réaumur (1) ,
divisé en 80 degrés de la glace à
l'eau bouillante (2). La moyenne

---

(1) A Paris , la température moyenne
de l'atmosphère , est de 9 , 5 ; et celle des
caves de l'Observatoire , de 9 , 6. J'ai me-
suré dans l'extrémité de Paris opposée
à celle de l'Observatoire , la température
de plusieurs puits (assez éloignés de la
Seine pour que ses influences thermomé-
triques fussent nulles) , de 14 ou 15 toises de profondeur , et je l'ai trouvée de 9,6.
Toutes mes observations ont été faites
avec un thermomètre très-sensible que
M. Bouvard , Directeur de l'observatoire , a eu la complaisance de placer à
côté de celui des caves avec lequel il s'est
trouvé parfaitement d'accord.

(2) Dans toutes mes observations et
toutes mes tables je me suis servi du
thermomètre de Réaumur , divisé en
80 degrés.

des observations faites chaque jour pendant cinq ans, au lever du Soleil et à deux heures après midi, m'a donné 11, 7. La température moyenne du matin, prise au lever du Soleil, est de 9, 0 ; celle du soir, de 14, 7. Tel est le résultat obtenu d'après plus de trois mille observations.

Dans nos plus fortes chaleurs j'ai vu le thermomètre exposé au nord à 30 degrés. Il est rare de le voir au-dessus de 28.

En hiver il descend de 3 ou 4 degrés au-dessous de la congélation. On le vit à — 7 en 1803 ; — 8, 3 en 1802 ; — 9,6 en 1800 ; — 11, 5 en 1805 ; et — 14 en 1789.

La température moyenne de nos puits profonds, est moindre d'un degré que la température moyenne de l'année : j'en attribue la cause au Rhône qui, coulant du nord au midi, est le plus souvent au-dessous de la température d'Avignon.

J'ai trouvé la température moyenne d'un puits de 16 pieds de profondeur , dans lequel j'ai plongé un thermomètre trois fois le mois, en 1802 , de 10, 5; 1803 , de 10, 3; 1804, de 10, 5; en 1805, de 10, 4; et en 1806, de 10 , 4 ; par conséquent , la moyenne de ces cinq années , est de 10, 4.

Le *maximum* de la température du même puits , est de 12 ; 2 , vers l'équinoxe d'automne ; le *minimum*, de 8 , 5 vers l'équinoxe du printemps; et le *medium* , de 10 , 5 vers les solstices.

La température moyenne de la source de Vaucluse , élevée de 55 toises au-dessus du niveau de la méditerranée , est de 10 , 6. La température invariable de la source du Groseau près de Malaucène, est de 9 , 0.

La température moyenne de l'année a été en 1802, de 11 , 5 ; en 1803, de 12, 1 ; en 1804 , de 11 , 4; en 1805 , de 11 , 1 ; et en 1806 , de 11 , 2 (*).

La plus grande hauteur du thermomètre a été en 1802, de 30 , 5 le
14 août ; en 1803 , de 30 , 5 le 6
août ; en 1804 , de 28 , 2 le 6 juillet ; en 1805 , de 28,0 le 2 juillet ;
et en 1806 , de 29,5 le 16 juillet.

Le plus grand abaissement du
thermomètre a été en 1802 , de
— 8 , 3 le 17 janvier ; en 1803 ,
de — 7 , 0 le 9 février ; en 1804 ,
de — 3 , 0 le 2 mars ; en 1805 ,
de — 5 , 0 les 17 , 18 et 19 décembre ; en 1806 , de — 1 , 0 le 6
mars.

. La moyenne des variations extrêmes du thermomètre, est de 35 , 1.

(*) Les hauteurs moyennes du thermomètre et du baromètre n'ont point été
déduites d'après les *maxima* et les *minima*
de ces instrumens pris un ou deux fois le
mois, ainsi que le pratiquent plusieurs
physiciens ; mais d'après des observations
faites tous les jours au lever du soleil et
à deux heures après midi , additionées et
divisées ensuite par 365.

TEMPÉRATURE moyenne , calculée pour chaque Mois (d'après 5 ans d'observation.)

MOIS.	TEMPÉR. daus les 24 heures.	TEMPÉR. au lever du soleil.	TEMPER. à 2 heures après midi.	EXCÈS de la plus grande Température sur la moindre
JANV.	4 , 9.	2 , 8	6 , 5	3 , 7
FÉVR.	4 , 7	2 , 9	6 , 5	3 , 6
MARS.	8 , 1	5 , 0	11 , 4	4 , 4
AVRI.	10 , 4	8 , 2	13 , 4	5 , 2
MAI.	14 , 4	11 , 4	18 , 0	6 , 6
JUIN.	18 , 4	14 , 4	22 , 6	8 , 5
JUILL.	19 , 2	15 , 0	23 , 5	8 , 5
AOUT.	19 , 8	16 , 1	23 , 5	7 , 4
SEPT.	16 , 0	12 , 8	19 , 3	6 , 5
OCTO.	12 , 1	9 , 5	14 , 8	5 , 3
NOVE.	8 , 2.	6 , 4	10 , 0	3 , 6
DÉCE.	5 , 5	4 , 1	7 , 1	3 , 0

On

On peut remarquer d'après la quatrième colonne à la droite de cette table, que la différence entre la température moyenne du matin au lever du soleil, et celle de l'après-midi à deux heures, est d'autant plus grande que cet astre reste plus long-temps sur l'horison, et que la plus considérable de ces différences est avec la plus petite dans le rapport de 8, 5 à 3, 0.

On voit d'après les autres colonnes que les mois de Juillet et d'Août sont les plus chauds, ceux de Janvier et de Février les plus froids, que celui d'Octobre offre une température entre ces deux extrêmes qui diffère peu de la température moyenne de l'Année sous notre climat.

2.° *Observations faites avec le Baromètre.*

La hauteur moyenne du baromètre observé à la même heure que le thermomètre, est dans un

K

cabinet élevé de 14 toises au-dessus du niveau de la mer, de 28 pouces 1 ligne 8 dixièmes. Ce qui donne pour la hauteur moyenne de cet instrument au bord de la méditerranée, 28 pouces 2 lignes 9 dixièmes.

Je n'ai aucun doute sur l'exactitude de mes baromètres. Je les ai comparés à Genève avec celui de Mr. *Sénebier*, d'après la marche duquel sont construites les tables météorologiques de la bibliothèque Britannique.

La hauteur moyenne du baromètre a été en 1802, de 28 p. 2 l. 1 dixième; en 1803, de 28. 2, 1; en 1804, de 28. 1,4; en 1805, de 28. 1,6; et en 1806, de 28. 1,8.

La plus grande hauteur du baromètre a été en 1802, de 28. 8,2 le 26 janvier; en 1803, de 28. 7,8 le 3 décembre; en 1804, de 28. 6,8 le 20 novembre; en 1805, de 28. 8,2 le 5 novembre; et en 1806, de 28. 7,5 le 25 décembre.

Le plus grand abaissement du
Baromètre a été en 1802, de 27.
1,8 le 11 janvier; en 1803, de 27.
1,0 le 11 janvier; en 1804, de 27.
5,7 le 16 avril; en 1805, de 27.
2,5 le 2 janvier; en 1806, de 27.
3,2 le 4 novembre.

La moyenne des différences entre les variations extrêmes du baromètre, est d'1 p. 5 lig.

HAUTEUR MOYENNE
DU
BAROMÈTRE,
Calculée d'après cinq ans d'observations
pour chaque mois de l'Année.

	Pouces.	Lignes.	Dixièmes.
JANVIER.	28.	0 ,	8
FÉVRIER.	28.	1 ,	2
MARS.	28.	0 ,	9
AVRIL.	28.	1 ,	1
MAI.	28.	1 ,	4
JUIN.	28.	3 ,	0
JUILLET.	28.	1 ,	7
AOUT.	28.	2 ,	6
SEPTEMB.	28.	3 ,	0
OCTOBRE.	28.	1 ,	9
NOVEMB.	28.	1 ,	7
DÉCEMB.	28.	0 ,	9

On observera d'après cette dernière table. 1°. Que la hauteur

moyenne du Baromètre est moindre, dans l'intervalle compris entre l'équinoxe d'automne et celui du printemps.

2°. Que, ses plus grandes variations ont presque toujours lieu en hiver, et quoique en été sa hauteur moyenne soit plus grande, ce n'est point dans cette dernière saison que le Baromètre atteint sa plus grande hauteur.

3°. Que sa plus grande élévation moyenne a lieu vers le solstice d'été, et son plus grand abaissement vers celui d'hiver.

3°. *Des Vents.*

Le NNO. *Circius* de Pline, *in Narbonensi provincia clarissimus ventorum , nec ulli violentiâ inferior*, a dit cet ancien naturaliste. Il ne parle pas de sa direction , mais bien de sa violence et de ses effets. Il est quelquefois si impétueux qu'il renverse des édifices, et déracine de gros arbres. Il parcourt souvent 48 et quelquefois près de 80 pieds par seconde. Il souffle la moitié de l'année et dans toutes les saisons, principalement en hiver. Sa durée est ordinairement de 3, de 5, de 7 ou de 9 jours : il se prolonge quelquefois jusqu'au quatorzième.

Le vent du N. est ordinairement moins fort, moins froid et moins sec.

Le N. E. à l'E. et l'E. N. E. soufflent très-rarement. Le N. E. accompagne souvent le lever du soleil en été.

L'E. se fait rarement sentir, mais il n'en est pas de même de l'E. S. E. qui est quelquefois très-violent. Il est cependant moins humide que le S. et le S. E.

Le S. E., le S. S E., le S. accompagnent souvent la pluie; ces vents sont chauds et humides.

L'O. S. O., le S. O. sont confondus quelquefois avec une espè-

ce de vent qu'on nomme ici traverse.

On a observé depuis long-tems
que pendant un orage plusieurs
vents méridionaux soufflaient si-
multanément. Cette circonstance
me rappelle la belle description de
la tempête que Junon suscita aux
Troyens.

Unà eurus notusque ruunt , creberque
    procellis
Africus, et vastos volvunt ad littora fluc-
    tus.

Le S. S. O. et le S E. diffèrent
peu d'un vent qui souffle sur la fin
du printems en été , après que
le soleil a passé le méridien ; on
le nomme ici le *raou*.

Peut-on parler de l'O. *zephirus*,
sans que ces jolis vers d'Ovide se
présentent à la mémoire.

Ver erat æternum , placidique tepentibus
    auris
Mulcebant Zephiri natos sine semine flo-
    res.

L'O. rafraîchit les soirées de la
canicule , vivifie et féconde pour
ainsi dire , la nature entière. Il se

fait sentir au printemps, et dans cette saison, comme le dit Horace.

Frigora mitescunt Zephiris.

L'O. N. O. se rapproche de ce dernier et se confond avec lui.

4.° *Pluies.*

N'ayant commencé des observations umbrométriques que depuis deux ans, je ne connais pas la quantité d'eau qui tombe année commune. La moyenne des observations faites à Arles, à Marseille et à Montpellier, donnerait pour terme moyen annuel 24 pouc. 6 lig. 7 dixièmes.

En 1805, il est tombé ici 18 pouc. o lig. 2 dixièmes, et en 1806, 27 pouc. 3 lig. 5 dixièmes.

Nos pluies sont très-souvent subites et abondantes. Il tombe quelquefois 4 ou 5 pouces d'eau dans une journée, et il règne dans d'autres temps des sécheresses de trois ou quatre mois.

Nous

Nous avons vu en 1801 le Rhône à plus de quinze pieds au-dessus des basses eaux occuper tout l'espace compris entre la partie orientale du terroir d'Avignon et les collines du Languedoc.

Il tombe quelquefois de la neige, mais elle se fond bientôt, on en voit rarement 3 ou 4 pouces après sa chûte. Ce n'est que sur le Mont-Ventoux où elle se conserve plus de la moitié de l'année.

5.º *Brouillards , gelées blanches, grêle et autres météores.*

Nos brouillards sont ordinairement peu épais, ils ne durent presque jamais une journée entière et se dissipent à 9 ou 10 heures du matin ; ils se manifestent dans toute les saisons, mais sur-tout en automne ; on les observe quinze ou vingt fois dans l'année ; ce météore nous prive souvent de la récolte des fruits, et diminue quelquefois celle des grains.

Nous avons en hiver et au commencement du printemps de fortes *gelées blanches.*

La *grêle* ravage rarement nos campagnes.

La *foudre* tombe quelquefois sur nos édifices élevés.

L'électricité atmosphérique est souvent très-forte.

On voit rarement des *aurores boréales*, mais les *traînées* et les *globes de feu*, les *étoiles volantes*, sont assez communs.

Il y a deux ans qu'il est tombé à Apt une *pierre météorique.*

Les *influences de la lumière*, dont l'action est si fortement prononcée sur les corps bruts et inorganiques et sur les végétaux, n'ont point été assez étudiées par les Physiologistes et les Médecins. Si la lumière agit sur les plantes et les minéraux, ne doit-elle pas jouer un grand rôle dans l'économie animale ? Il paroît qu'elle est stimulante et tonique. J'ai observé que l'action des rayons solaires, ou d'une vive lumière sur le corps nud, était extrêmement utile dans plusieurs circonstances.

CHAPITRE X.

Maladies.

LES maladies les plus communes chez les différentes classes des citoyens, sont les mêmes qu'ailleurs. On sait qu'il y a des indispositions plus particulières à certains ouvriers. Je ne rappellerai point ici des faits que peu de personnes ignorent.

Après que le vent du N. O. a soufflé long-temps, et lorsqu'il succède tout-à-coup une température chaude et humide, on observe des *rhumatismes*, des *fièvres pituiteuses-bilieuses*, ou simplement *pituiteuses.* Ces dernières, qui ne sont le plus souvent qu'un simple rhume, dégénèrent aisément en *pneumonie pituiteuse* ou *fluxion de poitrine*, et même en *phthisie*, si on les néglige, ou qu'on adopte un traitement peu convenable.

Dans nos bas quartiers, les *fièvres intermittentes* sont très-communes, elles y prennent souvent un caractère de malignité, qui déconcerte le médecin peu instruit.

Les innondations occasionnent quelquefois dans Avignon des maladies produites par l'humidité dont les eaux impregnent les habitations. L'an 1801 où le fleuve a innondé les bas quartiers de la ville, il a régné beaucoup de maladies dues à cette cause, de sorte que l'on a vu à la suite de cet événement une foule d'affections *muqueuses* ou *pituiteuses* très-opiniâtres dans les lieux bas, tandis que les maladies des citoyens qui habitent les environs du palais et les autres lieux élevés, avoient un caractère tout différent.

Les hydropisies ont aussi succédé en assez grand nombre à cette constitution singulièrement humide, dont l'influence était encore bien sensible un an après cette innondation. Il est très-rare que nous observions des maladies *inflammatoires.*

Les affections *bilieuses* pures ou alliés aux *pituiteuses*, et quelquefois, mais beaucoup plus rarement aux *inflammatoires*, sont au contraire très-communes.

On observe bien moins fréquemment qu'autrefois les maladies qui attaquaient la jeune beauté et qui flétrissaient les roses du bel âge. Les affections qui dépendent d'une vie trop sédentaire, ont presque entièrement disparu.

Je ne dois point passer sous silence la cause d'un grand nombre de maladies ; je veux parler des boissons froides lorsque le corps est échauffé. Dans ces circonstances l'on est souvent atteint d'une fièvre *bilieuse* ou *gastique*, d'une *dyssenterie*, d'une *pneumonie*, de *douleurs rhumatismales*, etc. Il est prudent lorsqu'on est altéré et qu'on a chaud, d'essuyer sa sueur, de se reposer un instant, et de continuer son travail ou sa marche après avoir bu.

Lorsqu'on portait des corps en baleine ou des habillemens trop étroits, nos Françaises n'avaient point cette tournure aisée, cette taille charmante, cette démarche remplie de graces. Cependant, pousser trop loin l'imitation des beaux modèles que nous ont laissés les Grecs et les Romains, c'est tomber dans un excès condamnable. Ce n'est point à Avignon qu'on doit se vêtir aussi légèrement qu'à Rome. Il est dangereux de s'exposer à toutes les influences de l'air sous un climat aussi variable que le nôtre.

Combien de jeunes femmes ont été, et sont encore tous les jours victimes de la mode! Les *douleurs*, les *rhumes opiniâtres*, les *crachemens de sang*, les *phthisies*, etc. sont trop souvent la suite de l'empire qu'elle exerce.

S'il est une Ville où l'on doive mieux se vêtir que dans les autres pays situés sous la même latitude, c'est à Avignon, à cause des fréquens changemens dans la température et des vents du nord-ouest qui nous amènent quelquefois des jours très-frais dans la saison des plus grandes chaleurs.

CHAPITRE XI.

Hommes de Lettres.

Je ne place ici la liste des Membres de l'Athénée qui résident à Avignon, que pour être utile aux étrangers qui désirent prendre quelques renseignemens relatifs à l'agriculture , au Commerce , aux Arts, à la Topographie Physique et naturelle ; etc. etc.

~~~~~~~~

MEMBRES DE L'ATHÉNÉE

de Vaucluse qui résident à

Avignon.

Ire. classe : *Sciences exactes et naturelles.*

ASTOUD , Directeur de l'école communale d'Avignon (au Collège.)

ATHENOSY, propriétaire (près de l'église de l'Oratoire.)

BROUILLARD, Médecin (rue de la Fusterie.)

CALVET, Médecin, (près du puits des bœufs.)

CARISTIE, Ingénieur, (rue de la Bancasse.)

DEJEAN., Professeur de Mathématiques, (au collège.)

DELUI , Professeur de Mathématiques, et Juge de paix , (au Corps-Saint.)

DUVIVIER., Ingénieur , (rue Puits de la Reille.)

FORTIA-D'URBAN , (vis-à-vis Saint-Agricol.)

GUERIN *père* , (place Pignotte.)

J. GUERIN , (près de Ste. Claire.)

GUEYRARD , Médecin (rue dorée.)

PAMARD , Chirurgien , (derrière le Palais.)

PANSIN , ancien Professeur de Botanique, et Médecin, (rue des Lices.)

ROUGET , Ingénieur en chef du Département, (rue Banasterie.)

ROUSSEL., (près de la place Pie.)

ROCHE , Médecin , (vis-à-vis l'Eglise de l'Oratoire.)

SAUVAN , Chirurgien (rue de la Croix.)

2ᵐᵉ. classe. *Philosophie , Belles lettres.*

D'ANGLESY (vis-à-vis St. Agricol.)

BLAZE , Homme de Loi, (derrière le Palais.)

BORRELY (l'Abbé) (près de l'ancien Collège.)

DE CAUSAN, (ancien Capitaine de Cavalerie.)

CHAIX, Peintre, (rue de St. Laurent, près l'Hôtel-de-Ville.)

CALVET , Bibliothécaire, (près de St. Didier.)

COLLET , Président du Tribunal Civil (derrière le Palais.)

COSTAING , Homme de Loi, (près de St. Symphorien.)

CRIVELLY , Homme de Loi, (près de la place Pie.)

DUPUY, Homme de Loi , (près de Ste. Catherine.)

JEAN , (Secrétaire de la Préfecture.)

MICHEL-BEAULIEU , Propriétaire, (près de St. Symphorien.)

MOREL, Professeur de Littérature, (au Collège.)

PIOT, Juge du Tribunal Civil, (hôtel de Gadagne.)

RASPAIL, Professeur de dessin, (près des trois Pilats.)

RAVAN, (Secrétaire de la Préfecture.)

REIRE (l'Abbé) (rue de la grande Fusterie.)

DE SOISSAN, (rue de la Calade.)

TEMPIER, Conseiller de Préfecture, (rue des Amphoux.)

THOMAS, Magistrat de sûreté, (hôtel Crillon, près de Saint Didier.)

3me. classe. *Economie politique, Agriculture et Commerce.*

BOUCHET *l'aîné*, Négociant, (rue de la petite Fusterie.)

CARTOUX, Agriculteur (rue du Pont Trouca.)

DELATRE, Préfet de Vaucluse.

ESTRATAT, Propriétaire, (rue Philonarde.)

GUERIN, Architecte rural, (aux Capucins.)

GUDIN, Négociant, (près de St. Joseph.)

DE PUY, ancien Maire, (près de l'Eglise de l'Oratoire.)

L'Athénée a perdu un Littérateur distingué qui m'honorait de son amitié, de son estime et de ses conseils. Je saisis cette occasion pour jeter quelques fleurs sur sa tombe. La mort nous l'a ravi depuis peu, mais son souvenir sera long-temps gravé dans nos cœurs. Je veux parler de Mr. SABATIER de Cavaillon, avantageusement connu, par des Odes, des Epitres, et de très-jolies pièces fugitives. Ses Odes le placent à quelque distance de JEAN-BAPTISTE ROUSSEAU; mais il est un de nos Poëtes modernes qui a eu la gloire d'en approcher. Peut-on lire des vers Anacréontiques plus agréables que les plaintes d'une mouche expirante ?

Cet ami tendre et fidèle n'avait point un caractère jaloux du mérite des autres ; il blâmait à regret et louait toujours avec enthousiasme. Jamais l'épigrame ni la satyre ne sortirent de sa plume, il gardait le silence lorsqu'il avait à se plaindre. Sa plus douce occupation fut, jusqu'au tombeau, celle de la poésie et des belles lettres. Sa muse était chaste et décente. Il respecta toujours la Religion et les Lois : la morale la plus pure caractérise ses vers et sa prose. On ne peut lire son Ode à la Patrie, sans dire de lui, voilà le Citoyen ! ni celle aux mères qui allaitent leurs enfans, sans dire encore, quelle sensibilité, la nature parle ! en un mot, il a toujours observé lui-même ce qu'il recommandait à des Ecrivains trop licencieux, en leur disant:

Mais que les élans du génie,
Respectent les Lois et les Mœurs.

Mr. VOULONNÉ, Médecin, si avantageusement connu par des Mémoires qui ont remporté des prix proposés par l'Académie de Dijon, s'occupait toujours des sciences Physico-mathématiques, pratiquait son Art avec autant de désintéressement que de succès, et donnait, malgré son âge et ses infirmités, des preuves de son zèle pour le bien public, lorsque la mort l'a arraché, tout-à-coup, aux sciences et à ses amis.

Si je ne m'étais pas renfermé, pour ainsi dire, dans l'enceinte d'Avignon, et que j'eusse parlé des Hommes illustres de notre Département, je dirais que plusieurs

Villes du Comtat ont produit des savans recommandables. Vaureas se félicitait sur-tout d'avoir vu naître le plus zélé, le plus ferme et le plus éloquent défenseur de l'Autel et du Trône, cet Orateur célèbre, qui s'est opposé tant de fois à la rage des plus furieux démagogues. Daignez agréer, Monseigneur le Cardinal, ce faible témoignage des sentimens et de la haute considération que je partage avec mes concitoyens.

NOTE SUR LES VENTS.

Cet article se rapporte à la page 119 de cet Ouvrage.

Homère est le premier poëte qui ait parlé du conflict des quatre vents Cardinaux, au sujet desquels il dit dans le cinquième livre de l'Odyssée.

Sun d'Euros te Notos t'epese, Zephuros
    te dusaës.
Kai Borêes aithrêgenetês ; mega kuma
    kulindôn.

L'*Eurus*, le *Nothus*, le *Zéphire* impétueux soufflent ensemble,
Et le froid *Borée* qui roule une vague immense.

Les vers de Virgile que j'ai déjà cités, ne sont qu'une imitation de ceux-ci. Homère ajoute plus bas en parlant d'Ulysse après son naufrage :

Allote men te Notos Boreê probaleske
    pheresthai,
                   Allote

Allote d' aut' Euros Zephurô eixaske
diôkein.

Tantôt le *Notus* empêchait *Borée* de
l'emporter,
Tantôt l'*Eurus* l'abandonnait au *Zephyre*.

Aristote , dans sa Météorolo-
gie, place au nord le vent qu'il nomme BOREAS ou APARKTIAS; au Sud,
le NOTOS ; à l'Est , l'APÉLIÔTÊS ;
et au couchant, le ZEPHUROS.

Il en désigne ensuite quatre autres; savoir : au levant d'été , le
KAIKIAS; au couchant d'été , l'AR-
GESTÊS, OLUMPIAS ou SKIRON ; au
levant d'hiver , l'EUROS ; au couchant d'hiver , le LIPS

Entre le pole nord et le levant
d'été , il place le MESÊS, le DRAS-
KIAS. Entre le pole nord et le couchant d'été , n'admettant point
l'existence des vents méridionaux
opposés à ces deux derniers.

Avignon, 20 Juillet 1807.

FIN.

TABLE

Des matières.

CHAPITRE I.

CHAPITRE IV.

CHAPITRE V.

CHAPITRE VI.

CHAPITRE XI.

Fin de la Table.

ERRATA.

Page 11 ligne 15, ab avibus. a vento, lisez *ab avibus, a vento.*

Page 65 ligne 5, des papes et de, lisez, *du palais de*

Page 109 ligne 8, tois mille, lisez *trois mille.*

Page 110 ligne 19, après ces mots, de Malaucenne est de 9, o ajoutez *la hauteur de cette source est de 209 toises au-dessus du niveau de la mer.*

www.ingramcontent.com/pod-product-compliance
Lightning Source LLC
Chambersburg PA
CBHW051723090426
42738CB00010B/2051